송기호의 밥과 법

송기호의

더불어 사는 삶,
정의로운 사회를 향한
희망과 실천

밥과 법

송기호 칼럼집

한티재

'밥'이었다. 나의 사회적 글쓰기는 '밥'에서 시작했다. 전라북도의 평범한 학부모와 농민들이 급식조례를 만들었다. 우리 농산물을 사용하는 학교급식을 우대하는 조례였다. 그러나 대법원이 이 조례를 날려 버렸다. 급식조례가 통상법 위반이어서 무효라는 것이었다.

보통사람들이 아이들에게 더 좋은 밥을 먹일 염원으로, 동네 골목과 마을 어귀에서 만나 눈길을 마주치며 토론해 만든 성과가 물거품이 되게 한 것은 영어로 된 통상법이었다. 평범한 사람들의 '밥'을 '법'이, 그것도 거리의 시민들에게 너무도 멀고 낯선 법이 주저 앉혀 버린 것이다.

그래서 나는 발언했다. 『프레시안』이라고 하는 인터넷 매체에 글을 썼다. 급식조례에 통상법을 직접 적용하면 안 된다고 소리쳤다. 그렇게 외치니 속이 시원했다. 나만 그런가 했더니, 곁에 있는 사람들도 좋아했다. 통상법에 주눅 들지 않아 좋다고 했다. 보통사람들은 기가 죽지 않고, 오히려 더 큰 목소리로 외쳤다. 결국 법을 바꾸었다. 2012년에, 우리 농산물 급식이 가능하도록 정부 조달 분야 통상법을 개정한 것이다.

이렇게 사회를 향해 글을 쓰기 시작한 지도 약 13년이 지났다. 그동안 썼던 글을 모아 보니, 양이 꽤 되었다. 『프레시안』에 실은 글만으로도 이백자 원고지로 3,416매였다. 『한겨레』, 『경향신문』, 『한국일보』 등에 쓴 글을 모두 합하면 더 많았다. 그 글 중에서 '더불어 사는 경제'를 위한 글을 중심으로 모았다.

우리 경제는 더 성숙해야 한다. 소수가 특혜를 받아 성장하고, 이익을 독점하면 안 된다. 사람을 존중해야 한다. 경제는 인권의 예외가 아니다. 인권의 반대말이 아니다. 사람이 존중받는 경제라야 보통사람들은 사회를 신뢰할 수 있다. 혁신할 여유를 가질 수 있다. 숙련된 경제를 할 수 있다.

그래서 『밥과 법』이다. 경제에서 사람을 대우하는 방법이 법이다. 법이 중요하다. 좋은 법은 가장 늦게 변하는 것이 아니다. 전북 급식조례와 같이, 법은 더 좋은 밥을 아이들에게 먹이는 틀이다. 급식조례가 있기에, 농민들은 급식 구매 원료를 기대하며 더 좋은 농사를 안심하고 지을 수 있다. 그리고 학교급식소는 조례를 근거로 안심하고 우리 농산물을 구입할 수 있다.

한국의 법이 밥을 위해 쓰임새가 커지려면 매우 중요한 과제를 해결해야 한다. '북한'과 '국제 질서' 문제다. 참으로 난제다. 그러나 이것을 해결하지 않으면 안정된 밥은 없다. 그 해결책은 한국의 법치를 북한과 국제 사회가 진지하게 인정하도록 하는 것이다. 나는 이를 '동북아 모델 국가'라고 부른다. 한국을 둘러싼 나라들은 과거에 세계사에서 제국이었거나 현재 강대국들이다. 군사력에 의지해서는 이들 나라들을 압도하기 어렵다. 한국의 전략은 강한 나라가 아니라 모델 국가이다. 민주와 법치의 모델 국가가 되는 길이 평화의 길이다. 정의의 길이다. 이 책은 이러한 뜻을 담았다.

　그동안 글을 쓰느라 가족과 함께하지 못한 시간이 많았다. 감사할 뿐이다. 방대한 글 중에서 옥석을 가리느라 수고한 변홍철 편집장께도 감사하다.

2018년 2월
송기호

차례

마늘을 판 변호사, 시민 지킴이

이 대담은 2018년 2월 11일, 송파구 가락시장에 있는 송기호 변호사의 '수륜아시아 법률사무소'에서 이루어졌다. 강지호 작가가 인터뷰어로서 질문하고 송기호 변호사가 답변한 것을, 강 작가가 기록하고 정리하였다.

강지호 작가는 연세대를 졸업했고, 『전망: 이재명의 미래는?』, 『시사요정 김어준, 그의 미래는?』 등 인물과 사회 전망을 다룬 책들을 여러 권 썼다. 『直男心理学』이 중국 古吴轩出版社에서 중국어로 출간되기도 했다.

1987년, 송기호는 스물넷의 나이에 군대를 제대하고 고향인 고흥으로 내려갑니다. 살기 좋은 농촌을 만들고 싶었습니다. 그러나 큰 벽에 부딪힙니다. 반대하는 아버지를 결국 설득하지 못합니다. 어렸을 때부터 '수재'라는 소리를 듣고 서울대까지 들어간 아들이 고향에 내려와 농사를 짓겠다고 하니 아버지로서는 기가 막혔을 것입니다. 결국 송기호는 고향을 떠나, 해남으로 갑니다. 남도의 땅 끝이지요.

당시를 회상하면서 송기호는 만일 그때 아버지가 고향에서 농사짓고 사는 것을 허락했다면 지금과는 전혀 다른 인생을 살았을 것이라고 말합니다. 돈 없이 시작했습니다. 농사로 정착하기는 어려웠습니다. 그러나 젊었습니다. 낮에는 논밭에서 열심히 일하면서 밤에는 마을을 찾아 농민들을 만났습니다. 농민운동을 함께 했습니다. 1987년 호남에서 일어난 '수세거부운동'을 농민들과 벌였습니다. 수세란 쉽게 말하면 '물값'입니다. 저수지, 수로의 수리시설을 국가적 차원에서 관리하지 않고 농민들에게 모든 부담을 떠넘기던 불합리한 제도였습니다. 나주 성당에 1만5천 명의 농민이 모여 '수세폐지'를 외칩니다. 농민들의 단결은 마침내 수세를 없앴습니다.

청년 송기호의 활동은 성과가 적지 않았습니다. 하지만 다른 농민들과 마찬가지로 먹고 살기 힘들었습니다. 결국 농촌을 떠납니다. 그리고 도시 직장인 생활을 거쳐, 서른다섯에 사법시험에 합격하고 변호사가 되었습니다.

그런데 변호사 송기호는 농민을 잊지 않았습니다. 그의 전공을 농업법으로 했습니다. 그를 가장 절실하게 찾았던 사람들이 농민들이었기 때문입니다. 제주, 의성, 고흥의 마늘 농민들이 그의 서초동 사무실을 찾아 왔습니다. 중국산 마늘 수입 때문에 농민들은 날벼락을 맞은 듯 고통을 겪고 있었습니다. 중국산 마늘이 쏟아져 들어오면서, 국내 마늘 농가들이 큰 피해를 보았습니다. 그래서 농민들은 중국산 마늘에 관세를 계속 매겨 달라고 정부에 호소합니다. 그런데 정부는 농민들의 목소리를 묵살해 버립니다. 마늘 농민들은 송기호 변호사에게 도움을 요청합니다. 그는 재판 비용을 마련하기 위해 농민들과 같이 직접 마늘을 팔아 가며 소송을 진행합니다. 이 사건을 계기로, 그는 더 넓은 길로 나아갑니다.

그는 농업에 큰 영향을 주는 통상법 공부에 매진합니다. 농업 분야의 비중이 큰 호주까지 유학을 가서 공부를 합니다. 그리고 돌아와 '수륜 법률사무소'라는 이름으로 자신의 사무실을 열었습니다. 통상법 전문가로서의 활동이 본격적으로 시작됩니다. 2004년 세계무역기구 쌀 협상, 2008년 미국산 쇠고기 검역 협상, 한미 자유무역협정FTA 협상을 일반 시민의 입장에서 지켜보고, 전문가로서 적극 의견을 내었습니다.

그의 관점과 목소리는 우리 사회에 새로운 것이었습니다. 통상 문제는 언제나 시민들로부터 너무 멀리 떨어져 있었고, 이해하기도 어려웠습니다. 그는 통상법의 무거운 문을 열고 들어가 시민의 목소리를 장 내로 들여보냈습니다.

소통을 위한 그의 노력은 헛되지 않았습니다. 30개월 이상 미국산 쇠고기가 수입되지 않도록 하는 데에 이바지했습니다. 자유무역협정문의 번역 잘못을 찾아내 바로잡기도 했습니다. 이런 공로를 인정하여 서울지방변호사회는 2011년 4월, '법의 날'을 맞아 송기호를 표창했습니다.

참으로 슬프고 애통했던 세월호 참사 이후, 송기호는 더 넓은 길로 나아갑니다. 통상에 머무르지 않고 시민을 위한 지킴이로, 시민과 함께합니다. 박근혜 정부의 12·28 '위안부' 공동 발표에 맞섰습니다. 또 피해자인데도 피해자로 인정받지 못한 가습기 살균제 피해자 구제에도 발 벗고 나섰습니다. 그리고 지금 송파구에서 '골목 민주주의'의 씨를 뿌리고 있습니다.

이 대담이, 꽃길을 마다하고 변신 중인 송기호 변호사의 인간적 면모와 그의 삶을 이해하는 데 작은 도움이 되었으면 합니다.

2018년 초, 혹독한 겨울 추위가 지나감을 느끼며
강지호

아버지

Q — 송기호 변호사의 어린 시절에 대해 궁금한 분들이 많을 것 같습니다. 어린 시절에 대한 소개를 부탁합니다.

고향은 고흥입니다. 부모님은 농사를 지으셨지요. 당신들은 비록 초등학교도 못 나왔지만 아주 성실하셨고, 제게 큰 사랑을 주셨습니다. 고향 마을은 전기가 들어오지 않아, 초등학교 3학년 때까지 저녁에 공부를 하려면 석유 호롱불을 켜야 했습니다. 그래서 사람이 만든 빛이 없는, 오로지 달과 별의 빛만 퍼져 나가는 칠흑 같은 어둠을 다행스럽게 누렸습니다. 하늘의 은하수는 정말로 강물처럼 흘러가고 하늘을 가득 메운 별은 저에게 더 없는 평화와 상상력을 주었습니다. 제 주변에는 중학교를 못 갈 정도로 가난한 친구들도 많았지만, 저희 집은 경제적으로 큰 어려움은 없었습니다. 초등학교 5학년 때 부모님 곁을 떠나 광주로 공부를 하러 갑니다. 저의 어린 시절은 그렇게 1막이

내립니다.

Q — 고향마을에서 기억에 남는 추억은?

소들입니다. 당시 시골에서는 어린아이가 큰 소를 산으로 들로 데리고 나가 풀을 먹였습니다. 마을 아이들이 함께 모여 집의 소를 몰고 다녔습니다. 그래서 소 풀 먹이러 갈 시간이 되면 온 동네 아이들이 모여 큰 무리를 이루어서 산으로 소를 몰고 먹이러 다니는 광경이 아직도 눈에 선합니다. 소들이 자리를 잡고 평화롭게 풀을 뜯어 먹으면, 아이들은 저수지에 가서 미역을 감습니다. 갑자기 소나기가 오면 나무에 올라 나무줄기와 산풀을 엮어서 처마를 만들고 비를 피했습니다. 천경자 화백이 그림의 영감을 얻었던 고흥의 자연이 제게도 많은 영감과 힘을 줍니다.

Q — 초등학교 5학년 때 도시로 유학을 떠났으면 어머니 사랑에 목말랐을 텐데, 가장 기억에 남는 부모님에 대한 기억은?

도시에서의 소년기는 어머니를 향한 그리움이었습니다. 저녁이면 혼자 많이 울었습니다. 어머니는 제게 모든 것이었습니다. 어머니는 일제 강점기에 정신대에 끌려갈까봐, 여성으로서 너무 어린 때에 아랫마을로 시집을 왔습니다. 그러나 진실로

광주제일고 졸업식에서 부모님과 함께.

큰 사랑을 제게 한결같이 주셨습니다. 광주항쟁 때 제가 고3이었습니다. 입시 공부를 하고 있었는데 광주항쟁이 일어났습니다. 지금도 공수부대원들의 총과 검이 눈에 선합니다. 살육을 목격한 친구들이 제게 전하는 떨리는 목소리가 아직도 생생합니다. 이 사건이 저의 인생에 가장 큰 영향을 주었습니다. 광주에서 학생들이 죽임을 당한다는 소식을 듣고, 제가 걱정된 어머님이 광주로 버스를 타고 급히 올라오시다가 교통사고를 당했습니다. 그래서 광주로 들어오시지 못하고 순천 병원에 입원하셨습니다. 어머님이 입원하셨다는 말을 듣고, 저는 급히 어머님을 보러 광주 공영 터미널에 가서 빠져나왔습니다. 그때, 제가 탄 버스가 광주를 빠져나온 마지막 버스였다고 합니다. 아마 제가 계속 광주에 있었다면, 어떤 일이 제게 생겼을지 알 수 없습니다.

아버지는 일찍 당신의 아버지를 여의고 홀어머니 밑에서 나무를 해 생계를 이을 정도로 가난하셨습니다. 그러나 새벽부터 저녁까지 논밭에서 땀 흘려 일하셔서 저희 자식들 공부를 시켜 주셨습니다. 나락 한 알 함부로 떨어뜨리는 것을 야단치실 만큼 엄격하셨습니다. 하지만 자식들에 대한 애정을 평생 몸으로 보여 주셨습니다. 아버지와 가장 행복했던 순간은 논에서 일하시는 아버지를 도울 때였습니다. 참으로 부지런하고 훌륭한 농사꾼이셨습니다. 일을 마치고 해가 질 무렵의 논둑을 가로질러 아버지와 같이 집으로 돌아오던 소년은 충만했습니다.

Q — 고향 마을에서 서울대에 들어갈 정도면, 어렸을 때부터 수재 소리를 들었을 것 같은데요.

공부 잘한다는 소리는 들었지만 수재까지는 아닙니다. 도시에 나가 보니 수재들이 많았습니다. 어린 시절에 다른 아이들과 달랐던 점은 신문을 즐겨 본 것입니다. 그 당시 동네 이장님 집에는 정기적으로 신문이 배달되었습니다. 매일 배달되는 건 아니고, 1주일 치가 몰아서 왔습니다. 동네에서 제가 유일하게 이장 집을 찾아가 신문을 열심히 읽던 아이였습니다. 그래서 어렸을 때부터 사회에 관심이 많았고, 다른 아이들보다 글을 더 읽었습니다.

Q — 대학 생활에 대해서 이야기한다면

고3에 그 일부를 목격한 광주항쟁이 저의 대학생활을 결정했습니다. 애초 기자가 되고 싶어 서울대에는 사회계열로 입학했습니다. 고3때 아버님이 서울대 법대를 권유하셨지만, 저는 판검사보다는 기자가 돼서 세상 소식을 알리는 일을 하고 싶었습니다. 입학해서 처음 겪었던 일 중 잊을 수 없는 일은 화장실에 종이 화장지가 항상 있는 것이었습니다. 시골에서 지푸라기로 마무리를 하면서 자란 저에게는 놀라운 세계였습니다. 하지만 제가 입학한 때는 전두환 시기였지요. '1987' 영화가 있지

서울대 졸업식에서 아버지와 함께.

요? 시위에 참여한 학생들이 붙잡히면 고문당하고 군대에 끌려가고 행방불명이 되던 시기였습니다. 강의실이나 도서관에서 공부를 하는 순간에도, 불의한 현실을 바꾸고 싶었습니다.

이런 저에게 부모님의 걱정이 대단했죠. 어느 날 아버지가 학교로 찾아 오셨습니다. "데모하다 끌려가면 농약을 마셔 버리겠다"고 말씀하실 만큼 걱정을 하였습니다. 당시 저는 학교의 운동권 서클에 가입해서 장차 시위를 주동할 계획이었습니다. 몇 날을 고민하면서 저는 아버지와 타협했습니다. 대학 생활 동안에는 몸 다치는 일은 하지 않겠다, 대신 졸업 후에는 저의 의지대로 활동하겠다고 합의를 봤습니다. 아마 아버지는 속으로, 졸업을 하고 군대를 갔다 오면 달라지겠지 하고 생각하셨던 것 같습니다. 돌이켜 보면, 이 결정이 저의 인생을 결정했습니다.

그래서 저는 시위 주동보다는 농촌활동을 선택해서 일하게 되었습니다. 이때부터 해남, 함평, 나주, 순창 등을 많이 갔습니다. 농민들과 많이 만났습니다. 대전 고속버스 터미널에 있는 가톨릭 농민회 본부 건물에 참 많이도 다녔습니다. 그리고 당시 서울에 있던 YMCA 전국연맹 농촌부에서 일하던 선배를 찾아 갔습니다. 농민 교육 프로그램 진행을 도와 드렸습니다. 그리고 아버지와의 약속을 지키기 위해 졸업했습니다. 졸업식 날, 참으로 기뻤습니다. 자유로웠습니다. 아버지에게 한 약속을 지켰다는 홀가분한 마음으로 바로 졸업식을 마치고 보름 후

쯤 바로 군대를 갔습니다. 제게 입대는 구속의 시작이라기보다는, 자유를 향한 통과의례였습니다.

Q — 군 생활은 어땠나요?

군 복무는 후방에서 했습니다. 논산 훈련소를 마치고 신병을 태운 야간 기차가 전방을 향해 가는 것을 보고 잠을 재촉했습니다. 그런데 왁자지껄한 부산 사투리에 잠이 깨었습니다. 누군가가 "부산역이다" 하고 외치더군요. 직접 본 것은 아니지만 제가 탄 기차 1량이 도중에 부산행 기차에 연결되었다고 하더군요. 최종적으로 자대 배치 받은 부대는 창원이었습니다. 처음 보직은 전투지원중대 81mm 박격포였습니다. 그런데 어느 날 서울대를 나왔다는 이유로 관사 당번병으로 차출되어 갔습니다. 평일에는 식사와 청소 수발을 들고, 주말에는 아이의 영어와 수학을 가르쳐야 했습니다. 참기 어려웠습니다. 갖은 노력을 다해 넉 달 만에 다시 중대로 복귀했습니다. 저는 군대 시절, 농촌만 생각했습니다. 제대하면 농촌에 내려가 살려고 혼자 살아갈 준비를 열심히 했습니다. 그래서 취사병에게 음식하는 법을 배웠습니다.

Q — 제대 후 농사짓겠다고 고향으로 내려오자, 부모님이 많이 반대하셨을 것 같습니다.

아버지는 단호하셨습니다. 완강히 반대하셨습니다. 그러나 제 나름 오랫동안 준비한 결정이었습니다. 그래서 고향을 떠났습니다. 대학시절에 만난 농민들이 있는 해남, 나주, 영암 지역에서 활동했습니다. 농민운동 하는 분들의 도움을 많이 받았습니다. 제가 거처할 방을 제공해 주는 분도 있었습니다. 또 아예 자기 집 농사 일꾼으로 대우해서, 일손이 필요하면 절 가장 먼저 불러 일을 주는 분도 있었습니다. 자기 고향도 아닌 곳으로 젊은이가 와서 농사일을 하니 궁금하기도 하고, 걱정도 되었겠지요.

Q — 그곳 농촌에서의 생활은 어떻게 꾸려갔나요?

처음 정착한 해남에서는 YMCA 전국연맹에서 약간의 월급을 받았습니다. 읍내에서 혼자 살 정도의 돈은 되었습니다. 해남 YMCA에 책상을 하나 마련했습니다. 농민 교육 프로그램의 현장 실무자 일을 했습니다. 당시 YMCA 전국연맹은 전국 농민 조직을 운영하고 있었습니다. 농민들을 교육해서 지역 지도

자로 활동하도록 지원했습니다. 저는 전남과 전북의 농민들을 만나고 돕는 일을 했습니다.

지금도 눈에 선합니다. YMCA에서 주는 첫 월급을 타서 빨간 내복 두 벌을 사서 고향의 부모님을 찾았습니다. 그때는 다들 취직해서 첫 월급을 받으면 부모님께 빨간 내복을 선물하던 시절이었습니다. 어머니는 울면서 말없이 받으셨습니다. 그러나 아버지는 그냥 집밖으로 나가 버리셨습니다.

아버지께서 조금 마음을 여신 때는 아버지 회갑 잔치 때였습니다. 제가 활동하던 영암의 어르신들이 잔치에 많이 참석해서 축하해 주셨습니다. 물론 제 칭찬을 많이 하셨지요. 체면을 중시하시던 아버지는, 멀리서 온 어르신들이 이구동성으로 아들 칭찬을 진심어린 마음으로 하는 것을 들으시고, 마침내 마음을 여셨습니다. 물론 내심으로 완전히는 아니었겠지요. 아버지는 이후로도 늘 바랐다고 합니다. 언젠가 제가 농촌의 객지 생활을 성공하지 못하고 서울로 가, 흰 와이셔츠를 입고 펜대를 잡기를 원하셨다고 합니다.

저는 저대로 더 본격적으로 농민운동을 하기 위하여 YMCA에 사표를 내고 농업 노동자로서 생활했습니다. 나주, 영암, 해남 지역에서 일손이 필요하면 연락받고 투입되는 농업 노동자였습니다. 한 주에 사흘 정도 농업 노동을 하면, 그 수입으로 생계가 가능했습니다. 혼자서 사니까요. 농민운동 활동가의 집에서 같이 살아, 생계비는 많이 들지 않았습니다.

다만 이 생활을 오래 지속하지는 못했습니다. 저는 전남 농민조직의 정책 실장으로 선출될 정도로 열심히 농민운동을 했지만, 제가 직접 짓는 농사를 안정적으로 꾸리지는 못했습니다. 농촌생활을 할 배우자를 만나지도 못했습니다. 또 건강을 해쳐, 광양에 가서 요양을 하게 됩니다. 결국 고민 끝에 농촌에서의 정착을 포기하고, 서울로 와서 1년 정도 직장을 구하러 다녔습니다.

Q — 그때 고향에서 농사짓겠다는 송 변호사를 매몰차게 내치신 아버님이 잘하신 건가요?

만일 제 고향에서 농사를 지었으면, 좀 더 안정적으로 농민운동을 열심히 했을 겁니다. 하지만 아무래도 활동범위가 한정되었겠지요. 지금 생각해보면 아버님은, 당신은 배우지 못하셨기에, 많이 배운 제게 큰 무대에서 일하라고 고향에서 저를 쫓아낸 게 아닌가 하는 생각은 듭니다.

Q — 농사를 지으려고 귀농하는 사람들이 늘어나고 있습니다. 농촌에 정착하려는 분 중에는 농촌마을이 의외로 폐쇄적이고 보수적이라고 놀라는 분들이 꽤 있는 것 같습니다. 귀농하는 분들에게 해주고 싶은 조언이 있다면?

저도 농촌을 떠난 지 오래되어 제대로 된 조언을 할 수 있을지 모르겠습니다. 그래도 농민들과 꽤 접해온 제가 가지고 있는 생각만 말씀드리겠습니다. 농민들은, 과연 이 사람이 우리 지역에 남아있을 사람인가를 꽤 오랫동안 지켜볼 것입니다. 농촌에서 태어난 사람도 도시로 떠나는 판인데, 도시에서 온 사람이 과연 농촌에 정착할지 확신이 안 생기는 거죠. 시간이 흘러 이 사람이 정말 이곳에 정착할 사람이라는 확신이 들면, 그때서야 진정으로 마음을 열고 받아들이지 않을까 싶습니다.

Q — 제대 후 귀중한 이십대를 농촌에서 보냈는데, 어떤 성과가 있었다고 보나요?

가장 큰 보람은 수세폐지입니다. 일제 때부터 농민들이 원망하던 수세를 80년 만에 없애는 데 함께한 일입니다. 저수지와 댐과 수로는 사회간접자본입니다. 국가가 만들고 유지하는 책임을 져야 합니다. 그런데 일제 때부터 농민들을 동원하여 저수지를 만들고, 농민들에게 수세를 걷었습니다. 80년이나 지속된 일제의 잔재였지요.

제가 해남으로 내려간 뒤인 1987년 11월 26일, 해남 YMCA 마당에서 '수세폐지 결의대회'를 열었습니다. 무려 3천 명의 농민이 참석했습니다. 정말 온 마을의 사람들이, 평범한 농민들이 동참하는 거대한 물결을 목격했습니다. 제 인생에서 가장

농민운동 시절 영암에서.

가슴 벅찬 시기였습니다.

　광주 학살의 좌절을 떨치고 대중이 일어나는 역사적 순간에 함께한다는 성취감이 컸습니다. 이 흐름에 함께할 수 있어 기뻤습니다. 전국에서 최초로 수세폐지 목소리가 대중적으로 터져 나왔습니다. 그리고 이 물길을 나주의 영산강 나주평야 지대로 퍼지는 데에 함께했습니다. 그해 12월 12일, 나주 성당에서 1만5천 명의 농민이 모여 수세폐지를 요구합니다. 얼마나 사람들이 많이 모였는지, 성당 마당으로는 턱없이 부족해서, 진입로, 공터와 논밭은 물론 옆집 기와지붕에까지 사람이 올라갈 정도였습니다. 나주시 전체가 수세폐지, 농지개량조합 해체를 외치는 농민들로 들썩들썩했습니다. 농민들은 스스로 일어나 일제가 만든 수세를 폐지했습니다. 이 힘으로 나주는 우리 농산물 급식 조례를 만들었습니다. 이 운동이 나중에 서울과 전국으로 확산되었습니다. 농민들이 우리 농산물 무상급식의 시대를 열었다고 생각합니다.

마늘을 파는 변호사

Q ― 왜 사법시험을 보았나요?

서울로 올라와 1년 정도 직장을 알아보다 은행에 취직한 뒤

진로를 많이 고민했습니다. 은행은 안정적이었습니다. 하지만 더 좋은 사회를 만들고 싶었습니다. 방법을 생각하다 결국 사법시험을 선택했습니다. 법률가가 되어 가난한 사람들을 위해 일하고 싶었습니다. 은행을 다니면서 틈틈이 공부하였는데, 은행 재직 중에 합격한 것은 아닙니다. 당시에는 저처럼 사회운동을 중간에 포기하고 고시를 공부하는 사람들 모임이 있었습니다. 거기에 합류했습니다. 은행에 사표를 내고, 본격적으로 준비했습니다.

Q— 변호사가 된 다음에 마늘을 팔아 소송비용을 댔다던데, 어떤 사건이었나요?

제가 변호사가 되고 나서 저를 정말로 필요로 하고, 저를 가장 절실하게 찾아온 분들이 농민들이었습니다. 평생 '통상'이나 '세계화' 같은 말을 들을 일이 없었던 시골 농민들이 아무런 바람막이도 없이 쌀 개방, 자유무역협정FTA, 세계무역기구와 같은 농업 통상의 거센 비바람을 그대로 맞게 되었습니다. 그런데 당시 농민들과 어깨를 나란히 하면서 함께할 변호사가 많지 않았습니다. 농민들은 저를 믿을 만한 변호사라고 생각하신 것 같습니다. 그래서 절 찾아 오셨습니다.

2002년 당시 농민들은 중국산 마늘에 대한 긴급 수입제한 조치 소송을 저에게 부탁했습니다. 이것이 어떤 것이냐면, 중국산 마늘이 너무 많이 수입되어 생기는 피해를 줄이게끔 국가가 긴급 수입제한 관세를 매겨 달라는 것이었습니다.

그런데 당시 저는 월급쟁이 변호사였어요. 제가 소속된 법률회사에서는 농민들한테서 수임료를 받아야 하는데, 농민들 돈이 부족했어요. 그래서 제가 그분들과 함께 소송비용을 마련하기 위해 마늘을 팔아 가면서 소송을 진행하였습니다.

Q — 혹시 아버님이 고향에서 농사짓겠다는 변호사님을 쫓아낸 이유가, 이런 일을 하라고 한 것이 아니었을까요?

하하하, 모처럼 웃습니다. 언젠가 아버님을 하늘에서 만나면 꼭 여쭤 보겠습니다. (웃음)

Q — 호주에 유학을 다녀오셨지요?

네, 그렇게 마늘 소송을 끝내고 나서, 제 사무실을 내어 자유롭게 농민들과 일을 하고 싶었습니다. 그래서 월급 받는 변호사를 그만두었지요. 송파의 아파트가 평당 천만 원이 되지 않던 때였습니다. 직장생활을 그만 두고, 호주에 유학을 다녀왔습니다. 농업과 국제통상 분야를 공부했습니다.

Q — 그 뒤에 개인 사무실을 여셨나요?

네, 유학을 다녀온 뒤 2004년에 '수륜 법률사무소'라는 이름으로 동료 변호사들과 서초동에 사무실을 냈습니다. '수륜'은 함께 일하는 변호사의 고향인 경북 성주군의 수륜면에서 빌린 이름입니다.

Q __ 통상법 변호사로 주로 어떤 활동을 하셨나요?

2004년 세계무역기구WTO 쌀 협상에서부터 본격적으로 의견을 내었습니다. 나중에 정부 자료를 보니, 정부는 제가 제출한 해석을 쌀 협상에서 참고했더군요. 또 쌀 협상에서 한국에게 유리한 해석을 끌어내어, 정부도 제 의견에 동의했습니다.

2008년 미국산 쇠고기 검역 협상, 자유무역협정FTA 협상을 시민의 입장에서 보고 의견을 내었습니다.

Q __ 통상법 변호사로서의 활동을 평가한다면?

그동안 통상 문제는 시민들에게 너무도 멀리 있었습니다. 알기도 어려웠습니다. 닫혀 있던 무거운 문을 열고 들어가, 시민의 목소리를 그 장 안으로 비로소 들여보냈다고 생각합니다. 성과도 있었다고 저는 자부합니다. 30개월 이상 미국산 쇠고기가 수입되지 않도록 하는 데에 이바지했습니다. 자유무역협정의 번역 잘못도 바로잡았습니다. 2011년 4월, 서울지방변호사회로부터 자유무역협정 번역을 바로잡은 일로 표창을 받았습니다. 한 신문은 "1년 예산이 1조 7,444억 원에 이르는 외교부에서 송 변호사처럼 '열정'을 가진 외교관을 한 명도 양성하지 못하는 것은 운영의 잘못이라는 지적이 나온다"고 보도하기도 했습니다.

Q — 송 변호사께서는 한미 FTA에 대해 많은 문제제기를 하셨습니다. 지금은 어떤가요?

그때 제가 강조하려 했던 것은 '국익'이란 무엇인가를 생각해 보자는 거였습니다. 국익은 곧 시민의 이익이어야 합니다. 영화 '변호인'을 보면 "국가는 국민"이라는 말이 나옵니다. 예를 들어 보겠습니다. 한미 FTA 조항에는 자동차세 변경을 제약하는 조항이 있습니다. 이 조항은 친환경 저탄소 자동차 정책을 펴는 데에 큰 제약이 됩니다. 자동차가 배출하는 미세먼지 절감 대책에도 영향을 미치는 조항입니다. 이런 제약을 한미 FTA가 담고 있어서는 안 된다는 문제의식은 지금도 가지고 있습니다.

그래서 저는 한미 FTA가 실제로 발효된 이명박·박근혜 정부 때 한미 FTA 이행 효과에 대한 정보를 끊임없이 요구했습니다. 하지만 제대로 된 평가 작업이 없었습니다. FTA를 실제로 이행해 보니 어떤 장단점이 있었는지 구체적인 평가를 하지 않았습중앙일보 2011년 3월 9일자.

송기호에게 고개 숙인 김종훈

(민변 변호사)　　　　　(통상교섭본부장)

**한·EU FTA 오역 지적에
김종훈 "내게 궁극적 책임"**

"(번역 오류에 대해) 문책할 일이 있으면 문책하겠다. 궁극적인 책임은 내게 있다."

김종훈 통상교섭본부장이 8일 고개를 숙였다. 한국·유럽연합(EU) 자유무역협정(FTA) 협정문의 국문 번역본에서 영문본과 다른 표기와 표현이 나타나는 등 오류가 잇따라 발견되면서다. 그는 이날 기자간담회를 자청해 "번역 시스템을 개선하겠다"고 밝혔다. 협상에선 결코 물러설 줄 몰라 '검투사'로 불리던 통상 수장의 칼날이 '오자'(誤字) 앞에 무뎌진 셈이다.

그는 "실수한 건 실수한 것"이라면서도 한편으론 "경중을 따져 비판해야 하는 것 아니냐"며 억울함도 내비쳤다.

120여 명의 인력으로 구성된 통상교섭본부에 이 같은 수모를 준 건 변호사 한 사람이다. 민변사회를 위한 변호사 모임(민변) 소속 송기호 변호사는 지난달 말 한·EU FTA 협정문 한글 번역본의 번역 오류를 지적하고 나섰다. 완구류와 왁스류가 원산지로 인정받기 위한 비원산지 재료 허용 비율이 영문본에는 50%로 돼 있지

김종훈 통상교섭본부장과 김성환 외교통상부 장관(왼쪽부터)이 3일 국회 외교통상위원회에 출석해 질문을 듣고 있다. 오종택 기자

송기호 변호사

만, 국문본에선 이를 각각 40%, 20%로 잘못은 됐다는 것이다. FTA에 비판적인 송 변호사는 "원산지 기준과 관련해 관심 있는 품목 몇 개에 대해 국문을 봤는데 이해하기 어려운 부분이 있어 이를 영문과 비교하다 오류를 발견했다"

고 말했다. 논란이 일면서 민주당이 비준동의안 통과에 제동을 걸고 나서자 결국 외교통상부는 수정한 번역본을 국무회의에 재상정해 통과시킨 뒤 국회에 제출했다.

하지만 이후에도 오류 지적은 이어졌다. 송 변호사는 6일 협정문 번역문 네 곳에 오류가 더 있다고 밝혔다. 국문본에선 외국 건축사가 국내에서 건축사 자격을 취득하기 위한 요건에 '5년 실무수습'이란

문구가 들어가 있지만 영문본에는 이런 문구가 없다는 것이다. 또 관세 인하 일정을 규정한 유럽 상품양허표에서 냉동 과실의 한 품목이 '설탕 100분의 13 초과 포함'으로 돼 있는데 국문본에선 '설탕 100분의 13 이하 포함'으로 뒤바뀌었다. 외교부는 다시 EU와 외교 공한을 주고받는 형식을 통해 이를 수정하기로 합의했다.

조민근 기자 jming@joongang.co.kr

니다. 이것이 문제입니다. 객관적인 논의를 하려면 자료들이 필요한데, 자료가 없으니 생산적인 논의가 불가능한 형편입니다.

학교급식 식판과 가습기 살균제

Q — 통상이 아닌 다른 분야에서 보람 있는 일을 들자면?

2006년에 학교급식 식판 세척제를 개선했습니다. 자동 식기 세척기에 사용한다는 이유로 식판 세척제 원료에 발암 유발 물질이 버젓이 들어 있었습니다. 이 원료에 단기간 노출되더라도 자극, 피부장애, 근육경련, 화상, 호흡곤란 등이 생길 정도였습니다. 그런데도 학교 급식소의 자동 식기 세척기에서 식판을 물로 일일이 따로 씻어낸 후 건조하기는 어려웠습니다. 대신 식판을 물로 씻는 절차를 생략하고 건조 촉진제를 투입한 물로 헹군 후에 건조하는 구조였습니다.

그런데 건조 촉진제 역시 유독한 성분을 원료로 쓰게 했습니다. 제주도 교육청이 2004년 12월에 학교에 보낸 공문을 보면 "세척제가 잔류하지 않도록 음용에 적합한 물로 씻어야 한다는 규정을 준수하여야 함에도 불구하고 이를 지키지 않아 자라나는 학생, 나아가 국민건강을 해칠 위험이 매우 높[은]" 현실을 지적했습니다.

그래서 민원을 보건복지부에 넣었습니다. 그 뒤로 원료 규정을 바꾸었습니다. 당시 MBC 뉴스데스크는 이 내용을 보도하면서, "아이들 건강에 위험한 3종세척제를 허용했다는 것은 보건위생에 필요한 범위를 벗어난 것"이라는 저의 인터뷰를 방송했습니다. 다행히 일부 독성 원료를 사용하지 못하도록 고쳤습니다.

Q — 가습기 살균제 사건에 관심을 가지게 된 계기는 무엇인가요?

2015년, SK케미컬이 만든 가습기 메이트를 사용하고 건강 피해를 입은 분들이 도와달라고 했습니다. 피해자들인데도 피해자로 인정받지 못했습니다. '폐 섬유화 증상' 하나만을 유일한 피해 기준으로 삼는 이상한 상황이 참으로 가슴 아팠습니다. 법을 다루는 사람으로서 참으로 이해할 수 없었습니다. 가습기 살균제 참사는 국가가 막을 수 있었습니다. 당시 유해화학물질로부터 국민 생명을 지킬 수 있는 수많은 법률이 있었고, 환경부, 산자부, 노동부 등 여러 공무원 조직이 있었습니다. 여기에 공정거래위원회와 검찰까지 있었습니다. 그런데도 가습기 살균제 참사를 국가가 막지 못했습니다. 단 1명의 공무원도 책임을 지지 않았습니다. 문재인 대통령만 이 문제와 관련해 국민들에게 사과를 하였습니다.

가습기 살균제 기자회견.

Q — 가습기 살균제 사건의 진상규명을 위해 많은 노력을 했지요?

가습기 살균제 참사는 그저 판매자와 소비자 사이의 문제가 아닙니다. '옥시'에 한정할 사건이 아닙니다. 한 명, 한 명의 소비자가 본인이 알아서, 본인의 책임으로 수많은 화학제품으로부터 생명과 건강을 지킨다는 것은 매우 어렵습니다. 국가의 역할이 결정적으로 중요합니다. 그래서 가습기 살균제 참사에서 국가 책임을 밝히는 것이 가장 중요합니다.

그런 의미에서 공정거래위원회가 'SK케미컬 가습기 살균제 표시 광고'를 무혐의로 덮어준 것이 잘못이라고 인정한 것은 의미가 큽니다. 이 말은 공정위가 진작 잘했으면 가습기 살균제의 위험성을 소비자들이 미리 알 수 있었다는 의미입니다. 소비자가 가습기 살균제의 실체를 정확히 알 수 있도록 표시를 하게 했어야 합니다. '인체 무해', '피로 회복 효과', '건강 증진 효과'와 같은 잘못된 표시가 소비자를 속이지 않도록 했어야 합니다. 2011년, 가습기 살균제 문제가 공론화된 때부터 그 오랜 기간 피해자들이 겪은 고통과 눈물을 생각하면 너무나 안타깝습니다.

'인체 무해'라고 가습기 살균제에 표시한 근본적 잘못을 국가가 처음부터 바로잡아야 했습니다. 국가가 국민에게 사과해야 합니다. 그래야 희망이 있습니다. 그래야 비슷한 참사가 일어나는 것을 막을 수 있습니다.

송파와 나

Q — 가락시장에 변호사 사무실을 연 특별한 이유가 있는지요?

가락시장은 농민과 시민 모두에게 중요한 곳입니다. 소비자와 생산자 모두에게 이로운 농산물 유통방식을 만들어야 합니다. 가락시장은 수많은 사람들이 경매에 참가하여 수도권의 농수산물 가격 결정에 중요한 역할을 하는 시장입니다. 1년에 5조 원 가까이 농수산물 경매를 진행합니다.

가락시장에는 여러 가지 쟁점이 있습니다. 독점적으로 경매권을 허가받은 도매법인에게 얼마의 수수료를 받게 할 것이냐는 것은 오래된 논란입니다. 도매법인들이 수수료를 지나치게 많이 가져가면 결국 생산자와 소비자가 손해를 보는 거죠. 지금은 대략 4%선의 수수료를 법인들이 받습니다. 하역비를 누가 부담할 것인가도 유통 합리화에서 중요합니다.

그리고 경매 단계를 거치지 않고 직접 시장에서 직거래를 하고 싶어 하는 사람들도 있습니다. 경매 과정을 거치지 않고 시장의 수요자에게 직접 공급하면 경매 수수료 4%를 부담하지 않아도 되니까 그만큼 농수산물 가격이 내려가고 소비자와 생산자가 이득이 될 수 있죠.

그럼에도 가락시장이 경매를 통해 전국 농산물을 소화하는 기능은 역시 중요합니다. 전국 농민들이 가락시장에 가면 팔 수 있다는 믿음을 가지는 것이지요.

가락동 농수산물 시장의 바람직한 역할이나 기능을 짧은 시간에 설명하기는 힘듭니다. 다만 분명한 것은, 저는 이 가락동 농수산물 시장의 장점을 계속 보강하여, 농수산물 생산자와 소비자에게 모두 도움이 되는 농수산물 유통 시스템을 세우는 데 이바지하고자 한다는 것입니다.

Q — 송파에서는 언제부터 살았나요?

1995년부터 살았습니다. 직장 생활을 하는 아내를 위해 처형이 아이를 보아 주겠다고 송파로 오라고 했지요. 오금동 개롱역 주변의 다가구 주택 2층에서 살았습니다.

Q — 송파에서는 어떤 활동을 했나요?

송파의 주민으로서 여러 활동을 했습니다만 하나만 말씀드리자면, '즐거운 가家'라고 하는 청소년 공동체와 관련된 활동을 소개하고 싶습니다. '즐거운 가'는 문정동 개미마을 비닐하

우스에서 처음 시작했습니다. 아이들 공부방인 '송파 꿈나무학교'가 모태입니다.

2010년에 비닐하우스가 철거되면서 밴드 연습실, 암벽등반벽, 댄스 연습실 등을 갖춘 건물로 이전하였습니다.

그런데 2015년에 해당 건물의 소유주가 변경되면서 새 주인이 '즐거운 가'에게 자리를 비워 달라고 했습니다. 저를 포함한 여러 사람이 새 주인을 여러모로 설득해 봤지만 소용이 없었습니다.

결국 송파 지역사회가 나서서 세 번째 보금자리를 송파 지역에 마련할 수 있었습니다. 그런 역사와 노력 때문에 '즐거운 가'의 청소년들을 만나면 늘 기쁘고 반갑습니다.

Q — 송파에는 돌아가신 어머니의 추억이 있다면서요?

어머니는 당신의 몸을 스스로 움직이기 어렵게 되자, 시골 생활을 정리하고 송파로 오셨습니다. 어머니의 송파 생활에는 언제나 휠체어와 산소통이 곁에 있었습니다. 어머니는 숨이 가쁜 속에서도, 지팡이와 휠체어에 의지하면서도, 자식 사랑과 웃음을 잃지 않으셨습니다. 휠체어를 탄 채 며느리, 손녀와 '아시아 선수촌 공원'을 산책하셨습니다.

송파는 어머니에게 제2의 고향과 같았습니다. 오금동에 살 때에는 출근하는 아들이 잠실행 버스를 타고 사라질 때까지 창문가에 서서 손을 흔들어 주셨지요. 잠실 7동 우성아파트에 계실 때, '아시아 선수촌 공원'은 어머니가 즐겨 찾는 산책길이자 재활 운동 공간이었습니다. 어머니는 선수촌 공원의 살구가 익어 떨어질 때를 아이처럼 기다리기도 하셨습니다. 어머니는 돌아가시기 전까지, 저를 위해 송파에도 참 많은 추억을 남겨 두고 떠나셨습니다.

촛불과 골목 민주주의

Q — 화제를 좀 바꿔 보겠습니다. 최근 우리 시민들이 경험한 촛불 정신은 뭐라고 보시는지요?

세월호 참사는 이 시대를 살아가는 사람들 모두에게 커다란 울림을 주었습니다. 희생된 아이들을 생각할 때마다 우리 모두가 무력감과 비참함에 괴로웠습니다. 그러다가 2016년 말과 2017년 초, 그 겨울의 촛불 혁명에서, 이제는 우리 사회를 바꿔야 한다는 뜨거운 열망을 시민들 스스로 느꼈습니다.

그리고 2017년 촛불 혁명이 만든 정부는 새로운 정부입니다. 촛불 정신은 진정한 국민 통합이란 무엇이냐, 우리 국가 공동체가 서야 할 자리는 어디인가를 국민들이 직접 제시한 것입니다. 한국 정치의 새로운 지평을 열어준 거죠.

촛불 혁명은 우리 사회가 이제는 근본적으로 달라져야 한다는 것, 직접민주주의와 자치, 그리고 사회와 경제의 개혁이 시대정신이라는 것을 시민들 스스로 분명하게 선언한 것이라고 봅니다.

Q — 사회의 다른 분야에 비해 한국 정치는 낙후되어 있습니다. 한국 정치의 문제점은 무엇이라고 생각하시는지요? 그리고 촛불 혁명 이후의 정치는 어떻게 달라져야 한다고 생각하시는지요?

정치가 시민의 삶을 바꿀 수 있어야 한다고 생각합니다. 촛불 혁명은 '시민이 제대로 된 주인 노릇을 할 수 있는 세상'을 만들라고 주권자들이 '명령'한 것이라고 생각합니다. 주권자인 국민을 정치의 주체로 지속적으로 정치에 참여시키고, 그 성과를 국민에게 돌려주는 그런 정치를 해야 하는 시대가 되었다고 생각합니다.

이제 국민들은 적극적으로 정치에 참여하려고 합니다. 유권자는 더 이상 정치인을 시민보다 상위에 있는 사람이 아니라 시민이 부릴 수 있는 '도구'로 생각하고 있습니다. 촛불 이후의 한국 정치는 이제 '시민이 정치인을 하인처럼 부리는 시대'로 변하고 있다고 믿습니다.

시민이 자발적인 역동성을 발휘하여 스스로 여론을 만들고,

지속적으로 정치 과정에 참여하여, 시민들이 그 결과를 돌려받는 시스템으로 갈 것입니다. 새로운 정치는 시민들이 참여할 수 있는 정치적 공간을 적극적으로 만들어 주어야 합니다.

Q — 유권자가 정치인을 하인처럼 부리는 시대라는 개념은 상당히 파격적입니다. 과연 시민이 그렇게 할 역량이 있을까요?

대부분의 시민이 바쁘고 힘든 일상을 보내고 있음을 잘 알고 있습니다. 많은 한국인들이 긴 노동 시간 때문에 인간다운 삶을 누리지 못하고 있습니다. 그러나 이런 환경에서도 깨어 있는 시민으로서의 문제의식, 역동성을 잃어서는 안 된다고 생각합니다. 시민들이 문제의식과 역동성을 포기하면 민주주의는 훼손됩니다. 꽉꽉하고 힘든 일상적인 삶을 개선하기 위해서는 정치의 역할이 중요합니다. 아니, 일상적인 삶이 힘들수록 깨어 있는 시민들의 역동성을 키워 정치와 사회를 바꿔 나가야 합니다. 시민들의 자발적인 역동성을 위해 '골목 민주주의'가 중요합니다.

Q — '골목 민주주의'라고 하셨나요? 이에 대해 좀 더 설명해 주시지요.

구체적인 예를 들어보겠습니다. 송파 주민들이 했던, 동네별 '소담다담' 모임이 있습니다. 말 그대로 소소하고 다양한 이야기를 나누는 모임입니다. 주민들이 모여 살아가면서 발생하는 다양한 이야기를 나누면서, 우리 삶에서 가장 필요한 변화, 가장 심각한 문제점을 부담 없이 발표하고 토론하는 모임입니다.

골목 구석구석에서 발생하는 다양한 문제점들을 자발적으로 끄집어내어, 125개가 되는 과제를 선정했습니다. 이렇게 선정된 과제들을 해결할 수 있는 방법이 무엇인지 찾고, 과제를 해결할 수 있는 힘을 지역 안에서 끌어낼 수 있도록 도와주고, 그 해결 과정과 결과를 주민들에게 다시 알려주는 일련의 흐름이 중요합니다.

Q — 촛불 혁명 이후 유권자들은 정치인들에게 다양한 변화를 요구하고 있습니다. 이러한 요구를 만족시키기 위해 어떤 자질이 필요할까요?

대부분의 주민들은 자신만의 문제로 한 분 한 분 흩어져서 고립되어 있는 상황에 놓여 있습니다. 그 지역 안에 계신 주민들의 힘을 결합하고 묶어서, 그 힘을 정치에 투입하여 문제를 해결하는 역량과 자질이 필요하다고 생각합니다.

저는 이렇게 일정한 지역 내에서 발생하는 문제를 공동으로 해결하는 조직을 '골목 민주 조직'이라고 부르고 싶습니다. '골목 민주 조직'은 사실 새로운 개념은 아닙니다. 지방자치에서는 기초적이고 상식적인 풀뿌리 조직입니다. 지난 10년의 보수 정부에서는 이런 상식적인 자치가 제대로 작동하지 않았습니다. 저는 지역의 문제점을 주민들이 자발적으로 해결하려 노력하는 일상에서의 자치 조직, 즉 '골목 민주 조직'을 재건하고 활성화하는 것이 촛불 이후의 한국 정치에서 매우 중요한 과제라고 생각합니다.

Q _ 정치가 국민의 삶을 바꿀 수 있을까요?

저는 '골목 민주주의'가 국민의 삶을 바꿀 것이라고 믿습니다. 이 과정에서 국제 질서를 잘 잡아야 합니다. 민주주의를 국제 질서 속에서 꽃피워야 합니다. '위안부' 할머니 문제가 대표적인 예가 될 수 있습니다.

정치라는 게 뭡니까? 사람들이 살아가는 공동체 질서를 좀 더 평안하고 공정하게 만드는 것이 정치의 중요한 역할이라고 생각합니다. 구성원들이 살아가는 사회의 질서를 좀 더 평안하고 공정하도록 만들어 줌으로써, 그 안에서 사람들이 각자 행복을 찾아가도록 돕는 것이 정치의 기능이자 역할입니다.

특히 우리는 평화가 중요합니다. 한국의 민주적 역량이 외부로부터 정당하게 평가받고, 외부의 힘이나 국제 질서에 왜곡되지 않는 민주주의를 만들어야 합니다. 한국 민주주의를 국제 사회가 인정하는 것이 중요합니다. 비록 강대국들이 국제 질서를 주도하더라도, 최대한 촘촘하고 깊게 관여해서, 복잡한 국제 질서 속에서도 우리 내부의 평화가 관철될 수 있도록 노력해야 합니다. 그것이 한국 정치의 가장 핵심적 과제입니다.

외교와 개헌

Q ― 외교에 관심이 많으시군요.

변호사로서 제 전문 분야가 '무역', '국제거래', '통상' 분야입니다. '민주사회를 위한 변호사 모임'에서 국제통상위원장으로 오랫동안 활동했습니다.

이제는 국제 질서가 우리를 일방적으로 압박하는 상황을 바꿀 때입니다. 외국의 가치가 우리 사회에 이식되는 게 아니라, 한국 민주주의를 정당하게 평가받고 국제사회에서 중요한 기능을 하는 상황을 만들어 내야 합니다.

우리의 사회적 합의와 가치가 국제 질서에 영향을 주는 상황을 만들어 내지 못하면, 그리고 동북아의 새로운 냉전 구조를 바꿀 수 없다면, 그것은 정치라 할 수 없습니다. 정치가 바로 그 역할을 해야 합니다. 이것은 직업 공무원에게 맡길 일은 아닙니다.

정치가 성공하려면, 안으로는 치밀하게 사회 경제적인 개혁을 진행하면서, 그 성과를 조직화해서 개혁의 동력으로 재투입하는 선순환을 만들어야 합니다. 예를 들어, 최저임금을 보지요. 한번 대폭 인상하는 것으로 끝내는 것이 아닙니다. 최저임금 상승을 요구하는 흐름을 지속화, 조직화해야 합니다. 이렇게 사회 경제 개혁의 성과를 통해 힘을 만들고, 다시 그 힘으로 개혁을 지속하는 선순환이 필요합니다.

Q — 한국 외교에 큰 부담을 안겨준 박근혜 정부의 '위안부' 협상에 대한 문제점은 어떻게 보십니까?

위안부 문제의 핵심은 일본 정부가 조선 여성을 강제 연행한 사실을 인정하지 않는 것입니다. 일본 정부는 가난한 집에서 돈 때문에 딸을 멀리 보냈다, 뭐 이런 터무니없는 주장을 하잖아요? 문제의 뿌리를 그대로 둔 채 두 나라의 정부가 최종적이고 불가역적으로 합의한다는 것이 말이 안 되는 거죠.

Q — '위안부' 문제를 어떻게 해결해야 하나요?

12·28 공동 발표 때 일본이 위안부 문제의 본질인 강제 연행을 인정했는지 안 했는지를 밝혀야 합니다. 일본에게 위안부 피해자 문제에 대한 역사적 진실을 요구하듯이, 12·28 공동 발

표 자체도 그 진실을 밝혀야 합니다. 지금 일본은 오히려 우리가 약속을 지키지 않는다고 몰아붙입니다. 못된 죄를 저지른 악한이 오히려 피해자에게 큰소리치는 격입니다. 우선 일본이 위안부 문제의 발단이고 본질인 강제 연행 사실을 인정했는지를 분명히 확인해야 합니다. 그 확인된 사항을 바탕으로 '위안부' 문제를 새로운 시각에서 재검토해야 한다고 생각합니다.

Q — 개헌에 대해 유권자들 관심이 높은데, 앞으로 개정될 헌법은 촛불 정신을 어떻게 반영해야 한다고 생각하시는지요?

누구에게나 기회가 공정한 사회, 돈이나 권력, 사회적 지위 등에 의해 그 누구도 차별받지 않는 세상을 만들고 싶어서 우리 시민들은 그 추운 날씨에도 거리로 나와 촛불을 들었습니다. 이러한 시민들의 열망을 구체화시키는 조항들이 헌법에 들어가야 합니다. 실질적 주거권 보호 및 보장, 주택 및 점포의 공정한 임대차, 동일노동 동일임금, 최저임금 보장 등을 꼽을 수 있겠죠. 구성원들의 사회적 합의이자 시대정신인 헌법에 이런 조항들이 들어가야 한다고 생각합니다. 그래야 '촛불 헌법'이 완성될 것이라고 믿습니다.

Q — 일자리 만들기도 아주 중요한 과제라고 봅니다. 어디에서 어떻게 새로운 일자리를 만들 수 있을지, 그리고 어떤 정책

이 필요할지 의견을 듣고 싶습니다.

대한민국의 경제 생태계는 몇 개 기업이 시장을 독식하고 있고, 중간 규모의 회사들의 비중이 낮습니다. 소규모 점포를 운영하는 자영업자 비중이 굉장히 높고요. 민간 일자리 창출 정책은 대한민국의 경제 생태계의 구조를 바꾸는 일과 밀접하게 관련되어 있습니다. 저는 제대로 된 일자리를 창출하는 중간 규모의 회사들을 주목합니다. 실제 많은 고용 비율을 차지하는 중견 중소기업에서 일자리가 많이 만들어지도록 해야 합니다. 이 부문에서 고용이 증가하도록 국가가 지원하는 것이 중요하고 필요하다고 생각합니다.

Q — 본인 적성이나 성격에 대해 어떻게 생각하는지요?

제 성격의 단점이자 장점이 '참을성'입니다. 희로애락의 감정을 주위 사람들에게 알리고, 전달할 건 전달해야 하는데, 혼자 참고 넘기는 경우가 많습니다. 그러다 보니 주위에서 제 속뜻을 잘 모르는 경우가 있습니다. 소통능력, 커뮤니케이션 능력을 더 키우기 위해 노력하는 중입니다.

저의 장점은 시행착오를 겪으면서도 목표 지점을 향해서 꾸준히 노력하면서, 많은 약점과 한계를 극복할 것은 극복하고 묵묵히 걸어가는 자세입니다. 제가 좋아하는 말 중에 '우보천리'라는 사자성어가 있습니다. 한 걸음, 한 걸음 소처럼 천천히 가더라도 꼭 간다라는 뜻입니다. 저는 인생의 중요한 분기점마다 그렇게 주어진 일을 묵묵히 열심히 했다고 자부합니다.

가족과 일상생활

Q — 개인적인 이야기를 몇 가지 여쭤 볼까요? 주량은 어느 정도 되세요?

소주 반 병 정도 마십니다. 마음이 통하는 좋은 사람들과 함께하는 자리에는 항상 참석하려고 노력합니다.

Q — 즐겨 부르는 노래가 있습니까?

'들길 따라서'입니다. 이 노래를 부르면 어렸을 때 고향 마을에서 소를 몰고 가는 모습이 떠오릅니다. 아련한 추억을 불러일으키는 노래라서 즐겨 부릅니다. 주로 시골 정서를 표현하는 노래들을 좋아합니다.

Q — 결혼은 몇 살에 하셨어요?

1993년, 서른 살에 했습니다. 제가 1963년생이니까 결혼 적령기에 했죠. 당시 저는 은행을 다니고 있었습니다. 제 형수와 아내의 언니가 같은 학교 출신이었는데, 시동생과 친동생을 소개시켜 준 중매 겸 소개팅으로 만났지요.

Q — 부인과 나이 차이는 얼마나 나는지요?

학번은 2년 차이지만 나이로는 한 살 차이입니다. 나이 차이가 별로 없는 친구 같은 부부로 살고 있습니다.

Q — 연애기간은 어느 정도?

6개월이었습니다. 당시에는 만난 지 한 달 안에 결혼하는 경우도 많았습니다. 저희 부부는 서로를 좀 더 알고 싶어 천천히 결혼하려 했는데, 양쪽 집에서 빨리 결혼하라고 성화였습니다.

Q — 부인의 고향은 어딘가요?

경북 봉화입니다. '영호남 화합'을 생활에서 실천하고 있는 부부입니다. (웃음)

Q — 살아오면서 부인과 다툰 적은?

대부분 우리 또래 부부처럼 합니다.

Q ─ 평소 부부 금슬이 좋았는지요?

저는 '예'라고 답하고 싶습니다만…… (웃음)

Q ─ 자녀는 몇인가요?

딸 둘입니다.

Q ─ 딸들이 볼에 뽀뽀를 해 주는 아빠인가요? (웃음)

그럼요. (웃음)

Q ─ 자녀 교육관은?

별로 요구한 게 없는데, 아이들은 아빠가 너무 많은 걸 요구한다고 생각하더라고요. 제가 욕심 많은 아빠인 것 같습니다. 모든 부모가 자식 욕심이 어느 정도는 있지 않나요? 아이들에게 자기 일 잘하면서 남의 일도 잘 돌보는, 이웃에게 도움이 되고 사회를 위해 뭔가 유익한 일을 해야 한다고 늘 말해 왔습니다.

아 내

송 기 호
30기 11반 A조

두 아이 재우다
깜박 잠들어
아차 일어나
공부하는 아내

뒷바라지에 벅찬
스무살을 딛고
서른에 펼치는
오랜 꿈

하루의 고단한 무게에
그녀는 책에 얼굴을 묻고 마는데

아내의 꿈길에
노래가 되어 볼거나

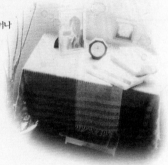

사법연수원 시절 쓴 시.

Q — 작년 10월에 더불어민주당 송파(을) 지역위원장을 맡으셨지요? 딸들은 아빠의 정치 활동을 어떻게 생각하나요?

아이들은 의미 있는 일을 한다며 아빠를 좋게 보고 있는 것 같습니다. 아이들에겐 아직 직접적인 피해가 없으니까요. (웃음)

Q — 집안의 가훈이 있나요?

가훈이라고 정해 둔 것은 없습니다만, 아이들에게 "남을 배려하라"는 말을 자주 하는 편입니다.

Q — 본인은 좋은 아빠였다고 생각하시는지요?

자신이 없네요. 아이들과 멀리 여행을 간 적은 많지 않지만, 가까운 공원에서 해 지는 줄 모르고 함께 놀아 준 기억은 참 많습니다. 우리 송파에는 가족들이 함께 놀기에 좋은 넓은 공원이 많습니다.

Q — 종교는 있나요?

기독교입니다. 큰형님이 돌아가신 후, 교회를 다닙니다.

Q — 인생에서 가장 행복했던 순간은 언제라고 기억하세요?

고향 마을에서 아버지께 새참을 갖다 드리러 어머니 손을 잡고 들꽃을 보면서 논길을 걷던 때가 가장 행복했던 순간이었습니다. 어머니와 저를 활짝 웃으며 반겨 주시던 아버지 얼굴이 지금도 눈에 선합니다. 이 순간, 어머니가 많이 그립습니다.

Q — 송기호가 어떤 사람인지 잘 알 수 있는 기억인 것 같습니다. 오늘 인터뷰를 통해 변호사이자 정치인인 송기호에 대해 좀 더 알 수 있게 되어 좋았습니다. 이 책 독자들에게도 도움이 되었으면 좋겠네요. 수고하셨습니다.

네, 좋은 질문 해 주셔서 고맙습니다.

01

이명박의 회고록과
경제법치

오바마 미국 대통령은 유튜브와 인터뷰를 하면서 현대 정보 통신 세계에서 북한과 같은 잔인한 정권이 무너지는 것을 목격할 것이라고 말했다.

나는 북한 정권의 미래는 북한이 시장 발전을 어떻게 유지하고 관리하는가에 달려 있다고 본다. 북한은 올해부터 농업 분야에서 가족 단위 자율 경영제를 도입해서 시행하고 있다. 그런데 이 '분조分組'가 가동되려면 먹고 남은 농산물을 내다 팔시장이 있어야만 한다.

경남대의 『한반도 포커스』 겨울호가 지적하였듯이, '시장화'에 따라 북한 사람들은 국가가 제공하는 혜택보다는 시장과 개인이 자신들의 정체성의 일부가 되는 새로운 경험을 하고 있다.

시장이 발전하려면 당장 이동의 자유가 필수적이다. 그러나 북한 사람들에겐 아직 이동의 자유가 없다. 하지만 대한변협의 『2014 북한 인권 백서』에서도 나왔듯이 103명의 탈북자 중 94%가 뇌물을 주면 여행증명서는 쉽게 발급받는다고 답변했다. 사실상 여행증명서 제도가 사문화된 것과 마찬가지이다. 결국에는 자의적인 여행증명서 운영은 폐지될 것이며, 이동의 자유를 합법적으로 보장하게 될 것이다. 그러지 않고선 시장이 정상적으로 유지될 수 없다.

물론 시장이 인권으로 나아가는 길에는 시간이 걸릴 수 있다. 그러나 시장의 발전은 인권과 법치를 요구한다.

시진핑이 대대적으로 '依法治国(의법치국)' 운동을 벌이고, 독립된 재판권과 책임을 갖는 주심법관主審法官 제도를 도입하고, 우리나라 대법원 격인 최고법원 인민법원의 지역 순회 재판소를 설치하는 것은 무엇을 의미하는가? 인권과 법치가 없이는 중국 경제가 한 단계 더 높은 단계로 발전할 수 없기 때문이다. 이것은 한국도 마찬가지이다.

저노임 조립경제는 초보적인 인권과 법치로도 유지된다. 1987년 노동자 대투쟁 이전의 한국 경제가 그 예이다. 그러나 숙련기술과 창조 → 고부가가치 → 고소득 일자리의 숙련경제, 곧 일자리 경제로 도약하려면 고차원의 인권과 법치가 필요하다.

나는 이를 '숙련법치'라 부른다. 이는 노동자들이 숙련기술을 지속적이며 안정적으로 습득하고 발전시킬 수 있는 법치주의이다. 사업장 단위에서의 혁신에 참여하고 그 이익이 구성원에게 공정하게 배분되도록 하는 것이다. 재분배의 복지보다 사업장에서의 공정한 배분의 숙련법치가 더 중요하다.

바로 이 점에서 이명박 전 대통령은 한국 경제에 매우 큰 손실을 끼쳤다. 그는 1987년 6월항쟁의 성과로 어느 정도는 유지되던 자유주의적 법치마저 치명적으로 후퇴시켜, 숙련법치가 발 디딜 토양마저 망쳐 놓았다.

그의 농림부 장관은 국제 규정이 인정한 검역 주권을 포기하는 쇠고기 협상을 해놓고선, 'PD수첩'이 자신의 명예를 훼손했다면서 농림부의 이름으로 PD와 작가들을 수사 의뢰했다. 이명박 전 대통령의 검찰은 담당 검사가 기소 대상이 되지 않는다고 판단하여 기소를 거부하자 사실상 사직하도록 했다. 법원이 PD와 작가에게 무죄를 선고하자, 쇠고기 협상 대표였던 민동석은 2010년 1월 20일 서울중앙지방법원 기자실에서 "판사가 이념적으로 경사된 판결을 하였다"면서 "퇴출시키는 운동을 하겠다"고 기자회견을 하였다. 나는 이 순간이 한국 법치주의에서 가장 치욕스런 장면의 하나라고 생각한다.

이명박 전 대통령은 법치주의를 모르는 사람이었다. 그의 4대강 사업은 예비타당성 조사조차 하지 않았다. 그의 취임을 맞아 허가가 난 123층 제2롯데월드 사업은 변전소를 먼저 짓고 그 위에 수족관을 짓는 편법으로 진행되었다. 그리고 비행

경제법치가 무력화되면서 삼성과 현대의
개별 이익이 득세하고 한국 자본주의는 도약은커녕
각자도생과 조삼모사와 약육강식과
'패자불활敗者不活'의 체제로 전락하고 있다.
과연 누가 한국 자본주의를 돌볼 것인가?

기 안전을 이유로 제2롯데월드 사업에 반대한 공군참모총장은 교체되었다.

경제법치가 무력화되면서 삼성과 현대의 개별 이익이 득세하고 한국 자본주의는 도약은커녕 각자도생과 조삼모사와 약육강식과 '패자불활敗者不活'의 체제로 전락하고 있다. 과연 누가 한국 자본주의를 돌볼 것인가?

그러므로 만일 이명박 전 대통령이 지금 시민을 위해 무언가를 써야 한다면, 그것은 회고록이 아니라 참회록이다.

— 프레시안 2015. 1. 30.

국가 엘리트들이
최순실에
저항하지 않은 이유

박근혜·최순실 사건은 역사적인 법치주의 학교이다. 부패한 자들이 너무 오랫동안 가짜 법치를 내세워 법으로 민중을 억눌렀다. 하도 당하다 보니 시민들은 법을 지배자의 채찍이며 칼처럼 여기게 되었다. 문정현 신부가 목판에 조각한 "법보다 밥입니다"라는 글귀도 사람들의 이런 마음을 담은 것이다.

그러나 나는 문 신부의 서각에 동의하지 않는다. 법은 사람들의 밥그릇을 걷어차는 군홧발이 아니다. 대한민국 헌법, 법의 지배란 권력이 시민을 법으로 지배한다는 의미가 아니다. 권력의 행사는 법에서 정한 절차와 내용을 따라야 한다는 것, 즉 권력이 법을 지켜야 한다는 것이다.

박근혜 대통령의 사임이나 탄핵이 박근혜·최순실 사건의 최종적 해결은 아니다. 이 땅에 권력자가 법을 지키는 법치를 튼튼하게 세울 때 비로소 해결되었다고 할 수 있다. 법치에 실패하면 제2, 제3의 박근혜가 반드시 등장할 것이다.

　엄중하게 물어야 한다. 왜 대한민국의 검사, 고위 관료, 그리고 국가정보원의 국가 엘리트들은 최순실에게 저항하지 않았을까? 국민적 항쟁을 촉발한 '정유라 부정입학 사건'의 경우도 교육부가 이를 막을 법적 권한과 절차가 대학교육법 안에 있었다. 재벌의 돈을 받아 만든 미르재단과 K스포츠재단의 설립도 비영리재단법인설립법을 지켰다면 불가능했다. 비밀취급 인가증이 없는 최순실에게 대통령 일정, 남북관계, 외교관계 등 국가의 중요한 비밀이 유출된 사태는 국가정보원법과 보안업무규정을 지켰으면 막을 수 있었다.

　특히 국정원은 법에 의해 청와대에 대해 보안측정이나 보안사고 조사를 할 권한이 있다. 보안업무규정은 아예 국정원장에게 청와대의 보안업무가 적절하게 수행되는지 여부를 확인할 권한을 주었다. 그런데도 최순실은 지속적으로, 아무런 견제 없이 국가 비밀을 건네받았다. 나는 청와대가 보안업무규정을 위반하여 최순실에게 국가 비밀을 건네준 행위를 국정원이 몰랐다고 생각하지 않는다. 정말 국정원이 몰랐다면 국정원장은 광화문광장에서 백배사죄해야 한다.

　대한민국의 국가 엘리트들이 최순실에게 저항하지 않은 이유는 자신들의 지배동맹이 영속하게 될 것이라고 생각했기 때문이다. 검찰의 최순실 공소장에 의하면 청와대의 행정관은 대법은 사람들의 밥그릇을 걷어차는 군홧발이 아니다.
대한민국 헌법, 법의 지배란 권력이 시민을 법으로
지배한다는 의미가 아니다. 권력의 행사는 법에서 정한
절차와 내용을 따라야 한다는 것, 즉 권력이
법을 지켜야 한다는 것이다.

통령의 지시를 받고 국가 비밀문서를 최순실에게 유출했다. 그 행정관은 대통령의 임기가 2018년 2월 24일이면 끝난다는 것을 잘 알았을 것이다. 그런데도 그가 그러한 행위를 한 이유는 그들의 지배동맹이 계속될 것으로 판단했기 때문일 것이다.

한국의 법치는 영속적 한미동맹, 영속적 남북대립, 그리고 취약한 민주정당의 세 가지 장애물에 갇혀 있다. 박근혜·최순실 사건의 최종적 해결은 이들 세 문제를 정면으로 응시하면서 끈질기게 해결하는 것이어야 한다. 전시 작전권을 외부가 갖는 한 국민주권은 온전히 실현되지 않는다. 긴 설명이 필요 없다. 미국 민주주의의 문민통제 역사와 전통을 어겨 가며, 별명이 '미친 개'라는 퇴역 장성을 국방부 장관에 임명하겠다는 미국 대통령에게 전시 작전권을 계속 주어서는 안 된다. 북한 문제도 교류와 협력의 목적과 단계를 밝히고 다수 국민의 동의를 얻어, 우리 내부의 정권 교체와 무관하게 일관되게 추진해야 한다.

어디에서 시작해야 할까? 앞의 두 과제는 미국과 북한이라는 외부 변수가 있다. 그러므로 온전히 우리 내부의 의사 결정으로 가능한 정당 질서에서 역사적 변화를 시작해야 한다. 200만 촛불이 광화문에만 머물지 않고 국회에서 365일 국민주권으로 피어나야 한다. 국민의 다양한 정치적 견해를 왜곡 또는 과잉되게 하거나 누락하지 않고, 국회 의석으로 변환시키는 선거제도를 만들어야 한다. 그래야 국가의 엘리트들은 제2, 제3

의 최순실에게 저항할 것이다.

— 경향신문 2016. 12. 5.

법치가 서야
경제도 산다

　박 대통령의 2·16 국회 연설은 동시대 한국인이라면 그 전문을 읽을 가치가 있다. 그 안에는 한국인의 일상을 흔들 핵심이 가득 모여 있다.

　먼저 한중 관계의 뇌관인 '사드'가 있다. 대통령은 연설에서 주한미군의 사드 배치 '협의' 개시를 직접 확인했다. 보통의 시민이 이 말을 듣게 되면 마치 한국과 미국이 FTA 협상을 하듯이 사드를 배치할지 말지의 문제를 협의하고 있구나 하고 끄덕이기 쉽다.

　그러나 주한미군 지위조약(소파 협정)에서 '협의consultation'는 미국이 필요한 시설과 구역을 결정하는 협의이다. 그래서 '대구'니 '평택'이니 '원주'니 하는 배치 지역이 현재 쟁점이 되고 있는 것이다.

대통령은 구름 위의 언어를 사용했다. 한국은 국제 관계의 규칙을 결정하거나 규칙을 아예 바꿀 수 있는 입헌자도 아니고 초법적 존재도 아니다. 이것이 땅의 현실이다. 미국은 1954년의 한미 방위조약을 근거로 사드 배치를 결정할 권리가 미국에 있음을 전제로 한국과 협의하고 있다. 그리고 사드 배치를 잘못하면 한중 관계가 파탄 날 위험에 처한 것이 지금 이 땅의 세계이다. 그러나 대통령은 땅의 말을 하지 않았다.

대통령이 사용한 '북한 정권의 변화'나 '체제 붕괴'라는 언어도 구름의 언어이다. 국제법은 유엔 회원국이 다른 회원국의 체제 문제에 관여하는 것을 금지하였다. 심지어 한미 방위조약 3조조차 "합법적으로 들어갔다고 인정하는 금후의 영토"라고 규정하여, 북한이 당연히 한국의 영토임을 인정하고 있지 않다. 지금의 국제 관계에서 한국의 대통령은 북한 정권의 변화나 체제 붕괴를 스스로의 결정과 스스로의 힘으로 추진할 수 없다. 대통령은 지상의 언어를 사용하지 않았다.

또한 "결과적으로 우리가 북한 정권의 핵과 미사일 개발을 사실상 지원하게 되는 이런 상황을 그대로 지속되게 할 수는 없습니다"라는 말은 어떠한가? 유엔 안보리의 결의는 회원국으로 하여금 자기 나라 국민이 북한의 핵무기나 미사일 개발에 이바지할 수 있는 대량 현금을 제공하는 것을 금지하도록 했다.(2094호 결의안 11항)

유엔 결의는 결코 낮은 수준의 핵개발 지원은 괜찮고, 고도의 수소 폭탄 개발 지원은 안 된다는 것이 아니다. 대통령의 언어는 국제 관계의 핵심 궤도에 진입할 수 없는, 궤도 밖의 언어이다.

한국은 국제 관계의 규칙을 정하거나 바꿀 초법적 존재가 아니다. 오히려 미국과 중국이라는 초법적 존재의 자장에 직접 놓여 있다. 한국의 대통령이 마치 자신이 국제 관계를 규율하고 있는 것처럼 하늘의 세계에서 말할수록, 지상의 국민은 이 두 초법적 존재에 의해 더 많이 휘둘릴 수 있다.

역설적으로 대통령의 연설이 땅을 실제로 뒤틀리게 할 능력을 발휘하는 곳은 이 좁디좁은 땅덩어리뿐이다. 그 힘에 취해 대통령의 언어는 땅의 질서를 마구 어지럽힌다.

대통령은 입법 촉구 서명운동을 "국민의 눈물이자, 절규입니다"라고 연설했다. 삼권 분립의 국가에서, 게다가 오바마에게도 없는 법안 제출권까지 가진 최강의 대통령제에서, 국회의 법안 통과를 요구하는 시민 서명에 직접 동참하고 지원한 것도 모자라 아예 직접 국회에서 이러한 언어를 사용하는 것은 법치주의를 모르기 때문이다.

대통령은 개성공단 전면 중단을 불가피한 '긴급 조치'라고 정당화했다. 그러나 국가안전을 내세웠던 박정희 대통령의 긴급 조치 1호는 국민의 기본권을 침해하여 무효로 선언되었다. 개성에 있던 한국민이 무사히 복귀한 것은 긴급 조치의 결과가 아니라 북한이 복귀를 막지 않았기 때문이다.

단 한 개의 개성공단 공장을 폐쇄하는 데에도 "국가안보를 해칠 명백한 우려"가 있는 경우로 제한하고, 그것도 사업 승인 취소나 정지 사유를 미리 고지하고 청문 절차를 진행해야 한다. 이것이 한국의 법률이다. 그러나 134개 기업의 모든 사업을 이러한 법적 절차를 밟지 않고 "고도의 정치적 판단"에 따라 취소시켜 버렸다.

나는 묻고 싶다. 만일 이 기업들이 중소기업이 아니라 대기업이었거나 외국 기업이었다면 대통령은 '긴급 조치'를 했을까?

이제 대통령은 구름의 권좌에서 땅으로, 법치로 내려와야 한다. 그래야 경제가 산다. 밖으로는 초법적 존재인 미국과 중국을 좀 더 촘촘히 연결시키고 묶을 국제법을 끈질기게 고민해야 한다. 안으로는 한국을 동아시아의 법치 매력국가로 만들어야 한다. 살 길은 이 길밖에 없다.

— 프레시안 2016. 2. 17.

광복 70주년,
동북아 모범국가
한국을 구상한다

한국과 북한을 에워싼 미국, 중국, 일본, 러시아, 네 나라의 공통점은 세계사에서 제국이었거나 제국인 초강대국이라는 점이다. 우리는 어떻게 해야 이들과 공존하면서 독자적으로 민족 공동체를 유지할 수 있는가?

한국과 같이 어느 한 제국의 군사력에 의존하는 방식이든, 북한과 같이 제국과 군사적으로 대항하는 방식이든 어느 것도 최종적인 해결 방안이 될 수 없다.

나는 한국과 북한이 법치와 인권의 동북아 모범국가가 되는 것이 광복 70주년의 민족 통합 과제를 해결할 방법이라고 생각한다. 그러려면 군사력에 의지하여 공동체를 유지하려는 군사 우선주의와 결별해야 한다. 주변의 4개의 제국 국가들에 둘러싸인 조건에서 군사 우선주의로는 안전을 담보할 수 없다.

오히려 군사 우선주의는 사회를 붕괴의 위험에 빠뜨린다.

한국의 경우, 미국의 군사력이 없으면 한국이라는 공동체가 유지될 수 없다는 강박관념에 사로잡혀 있다. 세계에서 유례가 없을 정도로 미국의 군사력에 과도하게 집착하고 의존한다. 그러나 군사 우선주의는, 김종대 군사전문가가 지적하였듯이 오히려 육해공 합동 군사력 운용 능력마저 매우 취약한 육군식 군대를 초래했다.

북한의 경우는 어떠한가? 챠오스공叩世功 중국 아태학회 연구위원이 2014년의 논문에서 지적하였듯이, 핵무기 개발의 군사 우선주의는 오히려 안보 환경 악화, 국제정세 긴장, 경제곤궁 가속이라는 3가지 측면에서 북한 사회 통합에 커다란 장애가 되고 있다. 핵무기 개발 단계를 보면, 초기 개발 생산 단계에 들어가는 비용보다 운반체 개발과 지휘 통신 개발에 7배 이상의 돈이 든다. 챠 위원의 지적대로 북한이 고난의 행군을 다시 시작하지 않는 한, 북한이 원하는 수준의 핵무력 건설 목표 달성은 매우 어렵다.

만일 한국과 북한이 상호간, 그리고 주변 4개 제국과 핵무기 개발 경쟁을 벌인다면 이보다 자기 파괴적인 것은 없다. 주변의 4개의 제국 국가들에 둘러싸인 조건에서 군사 우선주의로는 안전을 담보할 수 없다.

그렇다면 어떻게 해야 하는가? 한국과 북한은 4개 제국을 움직이거나 그들 사이의 힘의 균형을 만들 수는 없다. 한국과 북한은 상호간, 그리고 4개 제국과 공동의 이익을 모색하고 이를 강화하는 방향으로 부단히 움직이지 않으면 안 된다. 한국과 북한의 역할은 자신을 포함해서 4개 제국이 공유할 이익과 가치를 증진시키는 것이다. 4개 제국이 한국과 북한에서 문제의 해결 방안을 찾도록 하는 것이다. 나는 이를 '동북아 모범국가론'이라고 부르고 싶다.

동북아 모범국가론의 관건은 한국과 북한의 법치와 인권에 있다. 한국과 북한이 법치와 인권의 나라가 되어야만, 상호간, 그리고 4개 제국과의 관계에서 주도적 역할을 할 수 있다.

북한은 작년 7월, 일본에게 납치 피해자 조사 위원회 설치를 약속했다. 그러나 아직까지 조사 결과를 내놓지 못했다. 일본인 납치는 반인권적 범죄이다. 나는 북한이 일본인 납치 문제에서 중대한 교훈을 얻어야 한다고 생각한다.

북한은 인권과 법치를 실질적으로 발전시켜야 한다. 이 점에서 북한의 '인권연구협회'가 작년 10월 최초로 북한의 인권 보장 제도를 담은 인권 보고서를 발표한 것이 의미있는 시작이 되기를 희망한다. 중국의 『환치우시바오環球時報』도 보도하였듯이, 이는 북한이 지금까지의 무반응 태도를 바꾼 것으로, 놀라운 변화라고 할 수 있다.

북한의 인권 보고서에 대해 주목할 부분은 '인권관'이다. 식민지 강점으로 나라를 잃어 비참한 반인권 범죄를 겪은 역사적 경험에서 볼 때, 인권을 단순히 고립된 인간 개개인의 자유만

동북아 모범국가론의 관건은 한국과 북한의
법치와 인권에 있다. 한국과 북한이 법치와
인권의 나라가 되어야만, 상호간, 그리고
4개 제국과의 관계에서 주도적 역할을 할 수 있다.

으로 보는 것은 옳지 않다.

그러나 국가가 있은 다음에야 비로소 인권이 가능하다고 보고, 국가와 인권을 동일시하는 국가주의적 인권관도 옳지 않다. 바로 그 국가의 이름으로 자행되는 인권 탄압을 막기 위해서는 인간의 존엄성이라는 보편적 인권관이 필요하다.

또 하나, 북한의 법치에서 북한이 '법 제정법'을 시행한 것은 큰 의미가 있다. 이 법은 북한이 법을 만드는 절차를 규정하고 법 사이의 효력 순위를 정한 법이다. 이 분야의 전문가인 한국 법제원의 손희두 박사는 이를 "북한에서의 형식적 법치주의 발전에 관한 분명한 징표"라고 평가한다.

여기서 빼놓을 수 없는 것이 북한의 법치와 인권에서 개성공단 10년 동안의 법 운용 경험이 중요한 기여를 했다는 점이다. 개성공단은 북한에게 한국의 법치주의 개념을 경험하게 한 법률특구였다.

인권과 법치는 단지 북한에게만 미완의 과제가 아니다. 새해 광복 70주년에, 한국과 북한이 같이 공유하는 인권과 법치의 폭을 획기적으로 넓히기를 소망한다. 아울러 한국은 북한이 한미 군사훈련 중단과 핵실험 중단을 동시 교환하자고 제안한 것을 진지하게 검토해서 새로운 돌파구를 찾아야 한다.

— 프레시안 2015. 1. 20.

한국, 중국에
법치주의 모델 국가 돼야

    시진핑의 새해 신년사에서 주의 깊게 들었던 대목은 곤궁한 군중들을 항상 생각해야 한다는 부분이다. 나는 이 말을 서비스 차원의 인사말이라고 생각하지 않는다. 중국 국가통계국 발표로 2013년 기준 '농민공'이 2억 6,000만 명을 넘는데, 중국의 고도성장은 막을 내렸다.

    중국은 경제 구조의 거대한 전환을 진행하고 있다. 한국이 거기에 대응하려면 중국이 아직 따라오지 못한 한국의 법치주의를 제대로 살리고, 좋은 일자리를 만드는 일자리 경제로 전환해야 한다.

    중국의 구조 전환은 중국이 '中国制造(중국제조)'에서 '中国智造(중국지조)'로의 전환이라고 부르듯이, 저임금 노동력의 조립 경제를 중국 자신의 지식과 기술력 위에 우뚝 선 경제로 바꾸는 것이다.

중국은 지식 기술 밀집형 산업에 자원을 집중 배분해 이미 이 분야에서의 부가가치 생산액에서도 일본을 추월했다.(미국 국립과학재단 통계 참고) 서비스업에서도 금융, 정보 통신, 물류 등 제조업의 생산과정에 투입되는 서비스 분야에 집중하고 있다. 이 분야는 제조업과의 융합성, 창조성, 지식성이 특징으로, 산업 생산성 향상에 결정적 역할을 한다.

농업 분야에서도, 제2차 농지개혁 중이다. 농지 경영권 등기 제도를 도입해 농지 경영권을 팔 수 있게 하고, 담보로 제공해서 돈을 빌릴 수 있도록 했다. 그리고 농지 수용제도를 바꾸어 막대한 농지 개발 이익을 농민들의 호주머니로 더 많이 넣어 준다. 이렇게 해서 6억 명이 넘는 농촌 인구의 소득을 높여 거대한 내수 시장을 만들려고 한다. 중국 농민의 순소득은 11년 간 연속 9%대의 증가를 기록했다.

나는 중국의 경제 구조 전환이 성공하느냐 실패하느냐는, 중국의 법치주의 성공 여부에 달려 있다고 생각한다. 한 국가의 경제가 '숙련경제'로 전환하려면 재산권과 인권을 함께 보장해야 한다. 독일 정부가 2014년판 '신 하이테크 혁신 전략'에서 참여와 투명을 혁신의 핵심 요소 중 하나로 제시한 것을 중국 정부는 주의 깊게 연구해야 한다.

물론 중국은 균형과 조화를 찾아내는 저력이 있고 중국의 독자적인 발전의 길이 있다. 작년에 지방 정부가 지방 법원의 재판에 개입하는 것을 최소화하고 법 앞의 평등을 강조하는 '依法治国(의법치국)'을 대대적으로 전개했다. 하지만 공산당 정법위원회가 법원을 지도하는 구조에는 변화가 없다. 중국을 사법부가 독립된 국가라 할 수는 없다.

중국의 경제 구조 전환이 한국에 큰 충격을 줄 것이라는 점을 모르는 사람은 없다. 실제로 이미 작년 하반기부터 대 중국 수출이 사상 최초로 감소하고 있다. 이러한 격변기에 박근혜 정부의 경제 정책은 무엇인가? 중국을 대신할 베트남과의 자유무역협정FTA이 대책이라고 한다. 아니다. 저임금 조립국가를 찾아 세계를 떠도는 모델이 한국의 발전 모델이 될 수는 없다. 최태원 SK그룹 회장의 가석방을 검토하고, 4년제 비정규직을 양산하는 정책으로는 중국의 변화에 대응할 수 없다.

한국 경제 자신이 성숙해서 중국의 숙련경제화의 동반자가 될 수 있어야 한다. 한국의 장점은 숙련경제의 핵심 조건인 법치주의에서 중국에 앞서 있다는 점이다. 1987년의 민주화 투쟁은 노동자의 임금을 올려 내수 시장을 만들었을 뿐 아니라, 실질적 법치주의의 발걸음을 시작한 역사적 기여를 했다.

한국은 중국에게 법치주의와 인권의 모델 국가가 되어야 한다. 공정한 경쟁과 숙련된 고부가가치 노동력을 갖춘 아시아 모범국으로서 중국의 구조 전환에 동반 성장하는 경제로 전환해야 한다. 이 땅에서 삶이 지속 가능하고 안전해야 하며, 참여와 투명이 강물처럼 넘쳐야 한다.

한국은 중국에게 법치주의와 인권의
모델 국가가 되어야 한다. 공정한 경쟁과 숙련된
고부가가치 노동력을 갖춘 아시아 모범국으로서
중국의 구조 전환에 동반 성장하는 경제로
전환해야 한다. 이 땅에서 삶이 지속 가능하고
안전해야 하며, 참여와 투명이 강물처럼 넘쳐야 한다.

한번 실패하면 끝인 사회로는 혁신과 일자리 경제는 불가능하다. 관건은 주식회사의 개념을 정립하고, 노동 양극화를 해소해서 숙련 구조를 만드는 데에 있다. 한중 FTA는 그 다음 일이다. 제조업과 서비스 산업을 가리지 않고 오히려 더 확산되는 세습 독점 경제를 막으려면 주식회사 개념을 정립해야 한다. 주식회사는 주주의 전유물이 아니다. 혁신의 주체인 노동자의 몫과 참여를 보장해야 한다. 노사협의회의 대표 노동자가 이사로 이사회에 참여해야 한다. 그래서 혁신에 집중하는 의사 결정을 할 수 있어야 한다.

그리고 동일노동 동일임금 원칙을 실제로 실현해야 한다. 그래서 정규직과 비정규직, 대기업과 중소기업 노동자의 임금 격차를 크게 줄여야 한다. 그래야 비정규직과 청년 실업을 줄일 수 있고, 숙련 노동자를 체계적으로 교육시킬 교육 개혁이 가능하다.

더 늦기 전에 숙련경제, 일자리 경제로의 대전환을 성취해야 한다. 올해에는 이를 추진할 정치 세력이 여당에서든 야당에서든 나와야 한다. 없다면 새로운 세력을 만들어야 한다.

— 프레시안 2015. 1. 6.

역사교과서 국정화와
법치주의

아베 신조 일본 총리는 어떻게 박근혜 대통령의 면전에서, 징역 1년 6월을 구형받은 일본인 기자를 위한 '적절한 대응'을 직접 요구할 수 있었을까? 그는 한국 법원이 공판 심리를 마쳤음을 알았을 것이다. 이달 26일로 선고 날짜를 잡은 것도 모르지 않았을 터이다. 그런데도 그는 한일 정상회담에서 박 대통령에게 '적절한 대응'을 요청했다.

이것은 한국의 법치주의를 인정하지 않는 언행이다. 언론의 자유를 탄압하지 말라는 훈계를 한 것이다. 아베 총리가 누구인가? 그는 1997년에 '일본의 미래와 역사교육을 생각하는 의원 모임'을 만들어 초대 사무국장이 된 사람이다. 이 모임은 제2차 아베 내각 19명의 대신 중 9명을 차지할 만큼 강했다. 똘똘 뭉쳐 일본 역사교과서가 '자학사관'으로 편향되었다고 공격했다. 그들의 초점은 교과서에서 군대 위안부 서술을 삭제하는 것이었다. 위안부 모집의 강제성을 한사코 부인했다. 이런 사람에게 한국의 대통령이 직접 언론자유 훈계를 듣는 처지가 되었다.

아베의 언행은 치밀한 전략이다. 한국은 1987년 6월항쟁을 계기로 아시아의 민주적 법치의 가능성으로 주목받았다. 한국 이전에 일본의 법치주의가 나타났다가 군국주의로 타락했다. 한국 법치주의는 아시아의 새로운 대안이었다. 중국은 정보공개 조례를 비롯해 여러 법을 만들 때 일본보다 한국을 더 참고했다. 한국 법치주의의 정점은 개성공단이었다. 그곳에서 북은 남의 법치주의를 관찰해서 16개의 규정을 만들고 실험했다. 북이 마침내 '라선경제무역지대법'에 행정소송 절차를 둔다고 규정한 것은 주목할 만한 발전이었다. '부동산관리법'에 토지와 건물의 등록 대장을 도입한 것도 개성공단 경험의 소산이다.

그러나 한국의 법치주의는 국제통화기금IMF 구제금융 사태 뒤의 노동자 해고와 촛불 시민에 대한 탄압을 거치면서 동력을 잃었다. 일본은 한국 법치주의의 가능성 앞에 고개를 숙이고 있었다. 그러다가 박근혜 정부의 일본인 기자에 대한 탄압을 계기로 법치주의에서도 일본이 더 우위라고 내외에 선언한 것이다. 일본의 전략은 치밀하다. 일본의 주도권은 항상 한국을 열등하다고 규정하는 데에서 출발했다.

법치주의는 무엇인가? 권력을 법에 복종시켜
국민의 기본권을 보장하는 것이 그 본질이다.
그러나 역사교과서 국정화 고시는 법이
권력의 지배 수단이 된 사건이다. 권력자 한 사람의
영도 앞에 법이 복종한 것이다.

권력이 하나의 역사교과서를 만들어 선택권이 없는 청소년들에게 가르치겠다는 입법 예고에 대해 약 47만 명의 국민이 의견을 제출했다. 권력자는 인터넷으로 받지도 않았고 팩스는 일부 시간에 꺼 놓았다. 국민의 참여를 막을 수 없자 국민의 의견을 검토조차 하지 않고 확정고시를 했다. 유일 사관이 학생들에게 주입되는 데에 법이 수단이 되고 절차가 되었다.

나는 이 사태를 한국 법치주의의 '중국화'라고 부르고 싶다. 법치주의는 무엇인가? 권력을 법에 복종시켜 국민의 기본권을 보장하는 것이 그 본질이다. 그러나 역사교과서 국정화 고시는 법이 권력의 지배 수단이 된 사건이다. 권력자 한 사람의 영도 앞에 법이 복종한 것이다.

신중국을 건설한 중국 공산당이 영도하는 중국 모델은 중국 인민의 선택일 수 있다. 그러나 법이 권력자의 영도에 이바지하는 중국화는 한국의 목표가 될 수 없다. 중국 교육부가 검인정한 중국의 역사교과서는 8종이다. 이 중 베이징에서는 주한 궈 교수가 집필한 베이징사범대학 출판사와 리웨이커 교수의 인민교육출판사 교과서를 많이 선택한다. 이제 한국의 국정 유일 역사교과서를 가지고 중국인 앞에서 무어라고 할 것인가?

— 한겨레 2015. 11. 4.

누가
'숙련경제'의 싹을
짓밟았나

"저는 깨달았습니다. 기업은 사람의 안전을 먼저 생각하고 이윤을 추구해야 된다고 생각합니다." 단원고 고故 김아라 학생의 아버지는 딸의 영정 밑에 고이 둔 편지에서 이렇게 썼다. 아버지는 누구를 향해 편지를 썼을까? 나는 이 편지의 수신자가 'IMF 17년차'를 사는 지금의 한국인들이라고 생각한다.

'IMF 사태'는 끝나지 않았다. 현재 진행형이다. 비정규직이 800만 명이다. 세월호의 선장과 선원들도 비정규직이었다.

IMF 사태는 무엇이었나? 1997년의 사태가 일어나기 2년 전인 1995년에 한국은 국민소득 1만 달러를 넘었다. 1977년의 서독이 그러했듯이 이 시기는 한국이 '숙련경제'로 도약해야 하는 때였다.

숙련경제는 근로자에게 의사 결정의 참여를 보장하고 숙련의 기회를 제공한다. 끊임없는 고부가가치 창조로 숙련-고임금의 선순환을 추구한다. 서독은 1977년에 국민소득 1만 달러를 넘었다. 당시 서독에는 약 60만 개의 직업학교에서 도제식으로 기술자를 양성했다. 그리고 공동결정법이라는 법률을 만들어 노사가 사업장 운영을 함께 결정하고 함께 책임지게 했다.

숙련경제는 인권경제이다. 사업장의 의사결정에서 배제되고, 저숙련-단순작업을 반복하는 근로자가 혁신을 만들 수 없다. 인권은 경제에서도 핵심 가치이다.

숙련경제는 과거 제조업 전성시대의 옛 노래가 아니다. 2007년의 독일을 보자. 정보기술IT, 컨설팅, 연구개발, 금융 등 숙련 서비스업에 약 680만 명이 취업했다. 베르너 아이호스트의 논문에 의하면 이는 1991년의 370만 명 취업자보다 크게 늘어난 일자리이다. 중국이라는 강력한 저임금 국가의 대두와 세계화 속에서도 숙련경제는 성장할 수 있다.

숙련경제와 인권경제는 인적 자원의 나라인 한국에게는 운명과도 같은 길이다. 국민소득 1만 달러를 돌파할 1995년 당시, 한국은 숙련경제 도약의 조건을 차츰 갖추고 있었다. 1987년 6월항쟁 이후 1996년까지 해마다 평균 9%의 임금인상이 있었다. 이를 근거로 하여 상당한 내수시장이 형성되었다.

그러나 1997년의 'IMF 사태'는 한국이 숙련경제로 도약할 사다리를 걷어차 버렸다. 강만수 당시 차관의 책『현장에서 본 한국경제 30년』을 보면, IMF는 달러를 꾸어 주는 대신, 그 조건으로 '사전 조치 사항'과 양해각서를 요구했다. 나는 그 가운데 다음의 세 가지에 주목한다. 첫째, 외국인의 주식 소유 한도를 26%에서 55%로 올릴 것. 둘째, 외국 금융기관이 국내 금융기관을 합병 인수하는 것을 허용할 것. 셋째, 정리해고를 쉽게 할 수 있도록 할 것 등이다.

과연 이 조치는 한국 경제를 위한 것인가? IMF는 외국인 주주의 이익 극대화를 중심으로 돌아가는 경제를 만들었다. 잘못된 처방이었다. 투자 이익을 가능한 한 빨리, 그리고 많이 회수하려는 주주 자본주의에서 근로자에게 숙련의 기회를 제공하는 것은 주 관심사가 아니다.

모든 것이 IMF 때문이라고 말하려는 것은 아니다. 문제는 IMF가 아니라 우리 자신이다. 한국은 IMF 사태 후 17년이 지나도록 숙련경제로 도약하지 못했다. 나는 그 근본 원인은 승자 독식의 대결적 양당제를 극복하지 못한 데에 있다고 생각한다. 1987년 6월항쟁 이후 전국 방방곡곡의 사업장에서 노동자들은 자주적 노동조합을 만들었다. 숙련경제의 한 축이 성장하였다. 그러나 대결적 정치는 이 싹을 키우지 못했다. 마구 짓밟거나 동원했다.

숙련경제를 만들려면 합의의 정치, '숙련정치'가 필요하다. 정체성이 명확한 정당이 존재하고, 정당은 국민의 정치적 의견에 정확히 비례한 국회 의석을 안정적으로 가지면서 국민을 대표할 수 있어야 한다. 이 틀이 있어야 숙련경제의 한 축인 노동

숙련경제는 인권경제이다. 사업장의 의사결정에서
배제되고, 저숙련-단순작업을 반복하는 근로자가
혁신을 만들 수 없다. 인권은 경제에서도 핵심 가치이다.

숙련경제와 인권경제는 인적 자원의 나라인 한국에게는
운명과도 같은 길이다.

자의 요구를 안정적으로 대표할 수 있다. 그래야 분단체제 속에서도 주주 자본주의를 숙련경제로 바꿀 수 있다.

단원고 학생의 아버지가 슬픔 끝에 건져 올린 염원은, 기업은 사람의 안전을 먼저 생각하고 이윤을 추구해야 된다는 것이었다. 아버지의 희망은 온 국민이 함께 바라는 것이다. 그러므로 이룰 수 있는 꿈이다. 국민의 꿈을 정치가 현실로 만들어야 한다.

— 프레시안 2014. 12. 1.

02

우리 농산물
학교급식을 위한
통상법

　대법원은 학교급식에 우리 농산물을 "우선적으로 사용하도록 하고" 이를 지키는 학교를 "선별하여 지원하는" 방식에 대해 가트GATT 위반이라고 지적했다. 대법원이 국내 법령을 가트 협정 위반이라는 이유로 무효로 선언한 것은 처음이다. 가트에 가입한 1967년부터 지금까지 35년 동안 한 번도 없었던 일이라는 얘기다. 대법원은 판결문에서 "가트는 헌법에 의해 국내 법령과 동일한 효력을 가지므로 조례가 이에 위반되는 경우는 그 효력이 없다"고 명시적으로 설시했다.

　이로써 대법원은 통상법학의 오랜 쟁점인 '세계무역기구 WTO 협정의 직접 효력direct effect'을 보다 명확히 인정했다. 이는 무엇이고, 왜 문제가 되는 것일까.

　예를 들어 설명하자. '유에스 비프'라는 미국 쇠고기 수출회사의 한국 지사가 한국 정부로부터 쇠고기 수입 금지 조치를 받았다고 하자. 한국 정부의 금지 조치는 명백히 WTO 위생검역협정을 위반했다고 하자. 이때 '유에스 비프'는 한국 정부의 조치가 WTO 협정 위반이라는 이유만으로 한국 행정법원에 제소해 한국 정부의 조치를 무효로 만들 수 있을까. 이번 대법원 판결은 바로 이것이 가능할 수 있음을 보여주고 있다.

"가트 회원국 정부가 아닌 사적 주체가 각 국의 법원에서 가트 협정을 원용할 수 있는가"라는, 가트 협정의 직접 효력의 문제는 세계 통상법학의 오랜 쟁점이었다. 미국은 1994년 WTO에 가입하면서 'UR 이행법'Uruguay Round Agreement Act of 1994을 제정해 미국 정부가 아닌 그 누구도 WTO 협정 위반을 이유로 미국 법원에 소를 제기할 수 없도록 한 바 있다.

그 의미를 예를 들어 풀이하면 이렇다. 만일 삼성전자가 미국 정부로부터 반도체 덤핑 판정을 당했다고 하자. 그런데 미국 정부의 판정은 명백히 WTO 반덤핑 협정을 위반한 부당한 것이었다고 하자. 그러나 삼성전자는 WTO 협정 위반이라는 이유만으로 미국 법원에 제소할 수 없다.

유럽에서는 어떤가. 유럽연합EU은 1994년 WTO에 가입하면서 WTO 협정은 "그 본질상by its nature"EU나 회원국의 사법부가 직접 원용할 수 없다고 규정했다. 그러므로 유럽에서 삼성은 WTO 협정 위반의 조치를 당하더라도 WTO 협정 위반을 이유로 유럽재판소에 제소할 수 없다.

일본도 마찬가지다. 일본 최고재판소는 1990년 가트 위반에 대한 구제 조치는 GATT 제23조에 규정한 분쟁해결 절차에 따라야 하고, 위반이 있으면 일본은 기타 가입국으로부터 위반을 추궁 받게 되기 때문에 GATT 위반을 이유로 당시 문제가 된 일본의 견사가격 안정법이 국내법으로 무효가 되는 것은 아니라고 판결한 하급심 판례들을 긍정했다. 중국의 판사들도 WTO 협정 위반을 이유로 중국 법원에 제소할 수 없다는 견해를 가지고 있다.

반면 한국의 경우는 아무런 입법적 장치도 없는 상황에서 이번 대법원 판결을 통해 WTO 협정의 직접 효력을 명시적으로 인정했다. 앞으로 한국 정부가 미국의 GE, 유럽의 노키아, 일본의 미쓰비시, 중국의 하이얼 등으로부터 WTO 협정 위반이라는 이유만으로 한국 법원에 제소당할 가능성이 매우 높아진 것이다.

세계화 앞에 선 우리의 선택과 대응 물을 때

한국 사회는 이러한 불균형을 어떻게 받아들여야 하는가. 아니, 이 상황을 제대로 인식하고 있느냐는 것이 필자가 제기하고자 하는 첫 번째 질문이다.

이러한 불균형은 국회가 1995년 '세계무역기구 협정의 이행

에 관한 특별법'을 제정하면서 애초 법률안 원안에 있던 "우루
과이라운드 협정은 이 법에 특별한 규정을 두거나 개별 국내법
을 개정하지 않은 사항에 관해 국내법의 효력을 상실 또는 배
제하지 못한다"라는 제3조를 최종 심의 과정에서 삭제한 데에
서 비롯된 것이다.

우리와 달리 UR 협정이 행정협정executive agreement에 지나지 않
는 미국에서조차 UR 이행법에서 UR 협정이 미국의 법에 저촉
될 경우 무효라고 규정할 때, 한국의 국회는 이 조항을 삭제하
고 있었던 것이다.

이러한 구조적 취약성이 있음에도 불구하고 우리 정부는 오
히려 시종일관 화를 자초하고 있었다. 교육인적자원부 장관은
2003년 9월 6일 전북도 교육감에게 보낸 공문에서 "전북 급식
조례가 WTO 협정에 위반되니 계획대로 조치해 주기 바란다"
고 통보했다.

나아가 행정자치부는 다른 광역자치단체에게 제소를 직접
지시했다. WTO 협정을 담당하는 외교통상부조차 WTO 협정
위반을 이유로 한 제소 행위가 WTO 협정의 직접 효력이라는
심각한 쟁점이 있다는 사실조차 제대로 알리지 않았다.

이제 어떻게 할 것인가. 필자가 대법원 판결문 전문과 소송
기록을 소송 당사자에게 구해서 검토한 결과, 이러한 직접 효
력의 쟁점과 의미는 이번 소송에서 충분히 다뤄지지 못했다.
그러므로 대법원이 아직 대법원에 제소 중인 다른 급식조례 사

건에서는 이 문제를 충분히 다뤄주길 기대한다.

그리고 입법적 해결을 위해 국회는 속히 앞에서 본 WTO 이행법을 개정해, WTO 협정의 직접 효력을 부인하고 대한민국 정부가 아닌 한 WTO 협정 위반을 이유로 대한민국 법원에 제소할 수 없도록 규정해야 할 것이다.

알다시피 전북 급식조례 판결에는 그 어떠한 외국 국적의 주체도 직접 관여하지 않았다. 출연진은 모두 한국인이다. 이처럼 세계화의 문제는 결코 한국의 의지와 무관하게 외부에서 주어지는 것이 아니다. 이미 한국 내부의 갈등 구조에 온전히 편입된 국내 문제가 되어 있는 것이다.

세계화 구조의 기득권 세력만이 세계화가 외부에서 주어지는 움직일 수 없는 외부 문제라고 강변할 뿐이다. 그런 점에서 세계화는 우리 내부의 선택과 대응의 문제이기도 한 것이다.

대법원은 판결문에서 전북 조례를 "결국 국내산품의 생산 보호를 위해 수입산품을 국내산품보다 불리하게 대우하는 것"으로 봤다. 그리고 급식 개선의 다른 목적이 있더라도 "목적을 달성하기 위한 수단이 내국민대우 원칙을 위반해 외국 농산물을 국내 농산물보다 불리하게 대우한 이상" 가트GATT 위반이라고 해석했다.

정책 목적과 관계없이 수단이 가트 위반이면, 결국 가트 위반이라고 하는 '가트 해석론'은 과연 타당한가. 해당 가트 조문은 "so as to afford protection to domestic production" 조항을 가리킨다. 외교통상부 번역본은 이를 "국내 생산을 보호하기 위해"로 옮겼다. 그러므로 문리 해석의 원칙상, 국내 생산을 보호하고자 하는 목적과 효과를 갖는 조치에 한해 가트 규정을 적용한다고 제한 해석하는 것이 타당할 것이다.

한국 법원이 가트 협정문을 해석하려고 노력한다면 모순은 더욱 커진다. WTO 설립 협정상 영어, 불어, 스페인어만이 원본authentic 자격이 있는 상황에서 한국어 번역본에 터 잡은 해석론을 WTO협정 해석이라고 할 수 있을지부터 의문이다. 설령 언어의 한계를 뛰어 넘는다 해도 법원의 해석론이 WTO 분쟁에 영향을 미칠 수 있을까.

불가능하다. 왜냐하면 WTO 회원국들은 WTO 협정의 해석 권한을 WTO 각료회의와 이사회에만 부여했기 때문이다.(WTO 설립협정문 9.2조) 이러한 모순은 대한민국 국회가 제공한 것이다. 2004년 12월 16일, 대한민국 국회가 WTO 협정 비준 표결을 할 당시 국회의원 이길재는 국회 본회의에서 이렇게 말했다.

"지금 여러분들, 제일 위에 있는 소위 세계무역기구, WTO 가입 비준 동의안이 몇 장짜리인데 이것 하나 제대로 검토를 하지를 못했습니다."

— 회의록 446쪽

판례가 사회적 자산일 수 있다고 믿는 필자의 입장에서 대법원 판례를 더 살피기로 하자.

이번 판결로 우리 농산물 급식은 불가능하게 됐는가. 아니다. 대법원은 학교에 우리 농산물을 우선 사용하도록 하고, 이를 지키는 학교를 선별해 예산을 지원하는 방식에 대해 가트 위반이라고 판결한 것이다. 따라서 전국의 학교와 학교운영위원회가 자유로이 우리 농산물 급식을 하는 것은 판결과 관계가 없다. 그리고 다른 곳의 조례가 이번 판결로 무효가 되는 것도 아니다. 지역에서 학교급식의 바른 모습을 함께 만들어가려는 노력은 지금도 가장 필요하고 중요하다.

이 글에서 우리 농산물 학교급식 지원의 통상법적 대안을 찾는다고 해서 그것은 결코 급식조례 운동이 WTO 틀 내에서 진행돼야 한다는 것을 말하려는 것은 아니다. WTO라는 외피를 뒤집어쓰고 있는 세계화 기득권 세력의 벌거벗은 몸을 가리키고자 할 뿐이다. 우리 농산물 학교급식 지원은 WTO의 문제가 아니며, WTO에서도 가능하다.

WTO법은 '법'이 아니다

WTO법은 법이 아니다. 미국의 학교급식법과 반덤핑법(버드 수정법)의 경우를 보면 WTO법은 우리가 알고 있는 법이 아님을 알 수 있다.

미국 학교급식법이 미국산 구매 조항Buy American을 두어 연방 지원 급식에 미국산 농산물을 사용하도록 하는 것은 WTO 위반이다. 미국이 1994년 정부조달 협정에서 급식용 농산물의 미국산 조달을 한국 등으로부터 양해 받았다 하더라도, 미국 급식법의 내용은 양해의 범위를 벗어난다.

미국 급식법은 법률 제정 목적의 하나로 미국 농산물의 소비 촉진to encourage the domestic consumption을 명시하고 있다. 그리고 농무부 장관으로 하여금 학교 당국자에게 미국산 농산물을 쓰게 하라는 규정을 두고 있다. 전북 급식조례와 매우 유사하다. 대법원 판례의 해석론에 의할 때 미국 학교 급식법은 WTO 위반이다. 그런데 WTO 위반인 미국 학교급식법이 아무런 탈 없이 연간 94억 달러(2004년 기준), 우리 돈으로 10조 원이 넘는 예산을 투입해 운용하는 현실은 무엇을 의미하는가.

미국의 반덤핑법Byrd Amendments은 덤핑 마진을 계산할 때 미국에 정상적으로 수출한 가격은 계산 대상에서 제외해버린다.(zeroing이라고 한다.) 그러면 덤핑 마진은 실제보다 더 늘어난다. 반덤핑 관세율은 더 높아지고, 미국 기업에 분배되는 관세 수입은 늘어난다. 이 법에 따라 미국은 한국의 하이닉스 사社에 반덤핑 관세를 더 많이 매기고, 경쟁업체인 미국의 마이크론 사에게 더 많은 관세 수입을 분배해 줬다.

이러한 계산 방식은 WTO 반덤핑 협정 위반이다. 한국을 포함한 9개의 나라는 2000년 12월 미국을 WTO에 제소했다.

2002년 9월과 2003년 1월, WTO의 1·2심은 연달아 미국 반덤핑법이 WTO 위반이라고 결정했다.

그러나 미국 의회는 지금까지 반덤핑법을 고치지 않고 있다. 한국을 포함해 승소국들은 2004년 8월 WTO로부터 보복조치 승인까지 받았다. 캐나다는 2005년 5월 미국에 보복조치를 했다. 그렇다면 한국은 어떠했을까. 미국의 조속한 이행을 촉구할 것이라는 한국 외교통상부의 공식 발표가 나온 때가 이미 2003년 1월이었다.

이처럼 WTO법은 우리가 아는 법, 지키지 않으면 강제력이 따르는 그런 법이 아니다. 그러므로 미국 급식법의 'Buy American' 조항이 있는 동안은 우리 '학교급식법'에 우리 친환경 농산물의 우선적 사용을 규정하는 것이 통상법적 대안일 수 있다. 헌법이 국회에 부여한 입법권은 결코 WTO 협정에 의해 제약될 수 없다. 법률로 규정하는 것에는 이번 대법원 판결은 직접적 영향이 없다.

스스로 'WTO 족쇄' 채우는 일부터 중단해야

만일 대한민국 국회가 자신의 입법권을 WTO 협정을 고려해 행사하고자 한다면 어떤 대안이 가능한가. 학교와 정부, 이둘의 의사결정을 적절히 결합하는 방식을 선택할 수 있다.

먼저 모든 학교가 적용할 보편적 품질 기준으로서 우수하고 안전한 먹을거리의 기준을 설정하는 것이다. 현재 국회에 제출된 '학교급식법 개정안'이 그러하듯이 친환경농업육성법, 농산물품질관리법, 축산법 등의 품질 인증과 규격에 맞는 농산물을 급식에 사용하도록 제도화하는 것이다. 위와 같은 품질 인증 제도는 국내산과 외국산을 차별하지 않기 때문에 WTO 위반 문제는 생기지 않는다.

문제는 전적으로 학교의 의사결정에 맡겨 두는 것으로는 학교급식이 지역 농업에서 갖는 중요한 의의를 제대로 구현할 수 없다는 점이다. 지역의 농산물을 지역에서 소비하는 것, 그리고 자라나는 아이들에게 지역 농산물로 맛있게 조리해 먹이는 것은 지역 농업이 존속하기 위한 필수적 조건이다. 만일 학교급식을 영리성이 추구되는 사적 영역으로만 계속 방치한다면 우리 농업은 중요한 연결점을 잃어버릴 것이다.

바로 이 점에서 함께 추구돼야 할 대안은 정부 자신이 학교급식용 우리 친환경 농산물을 구매하고 지원하는 것이다. 다만 지원 대상은 학교가 아닌 생산자가 될 것이다. 이 점이 전북 조례와 다르다. 정부(또는 지방자치단체)가 학교급식용 친환경 농산물을 생산자로부터 직접 조달해 학교에 공급하거나, 또는 지역의 학교와 공급계약을 체결한 생산자가 자신이 생산한 친환경 농산물을 공급한 뒤에 정부(또는 지방자치단체)로부터 지원을 받는 형태가 될 것이다. 이럴 경우 WTO 협정 위반 문제는 생기지 않는다.

외교통상부의 윤강현 세계무역기구 과장은 2005년 4월 28일 국회 학교급식법 공청회에서 이렇게 말했다.

"해결할 수 있는 가장 좋은 방법은 정부의 예산이 지원된다는 전제 하에 공교육 프로그램으로 들어와서 정부가 학교급식의 주체로서 상당 부분을 커버해 주면 WTO 농업협정의 허용보조금으로 처리할 수 있습니다."

— 회의록 13쪽

그러나 최근 재정경제부는 농림부의 우리 농산물 학교급식 시범사업 계획 자체를 저지했다. 농림부 책정 사업예산은 고작 50억 원에 지나지 않았는데도 말이다. 미국이 10조 원의 돈을 들여 미국 농산물을 학교급식법에 공급할 때 우리는 50억 원의 사업을 아예 봉쇄했다.

이런 상황에서는 WTO 농업협정의 보조금 총액 제한에 해당하지 않도록 식료 지원 조항food aid 등을 통해 영양학적 대상 요건 등 구체화 방안을 논의하는 것은 의미가 없다. 50억 원 예산조차 계획단계에서 잘라 버리는데 상한선을 따져 무엇 하겠는가. 더욱이 저소득층 자녀의 학교급식비 지원에 사용하고 있는 공공 예산조차 외국 농산물 구입에 사용될 수 있도록 방치하고 있지 않은가.

이제 WTO 때문에 우리 농산물 학교급식 지원을 할 수 없다는 말은 그만 해야 한다. 우리 농산물 학교급식 운동은 깊은 강물이 되어 흐르고 있다. 이를 WTO로 막아 보려는 시도는 결국은 성공하지 못할 것이다.

— 프레시안 2005. 9. 12 ～ 9. 20.

철도 민영화 방지
해법 있다

 법치주의는 언제나 중요하다. 정부가 지난 금요일 심야에 수서발 고속철도KTX 사업면허를 발급한 것은 법치주의 위반이고 세계무역기구WTO와 한미 자유무역협정FTA과도 맞지 않다. 취소해야 한다. 대신 국회는 국유 철도 민영화를 반대하는 국민 여론을 받들어 이를 법제화해야 한다.

 수서발 고속철도 사업의 면허는 어떻게 법을 어겼는가? 철도산업발전기본법에는 철도 개혁을 위해 시설과 운영을 분리한다는 조항과 "철도 운영 사업을 효율적으로 경영하기 위하여" 한국철도공사를 설립한다는 조항이 있다. 이 법은 철도공사에 운영 사업을 전담하게 한다고 해석할 수 있다. 국토교통부 또한 2004년 12월 31일치 보도자료에서 철도공사는 철도 운영 부문을 '전담'하기 위해 설립하는 기관이라고 밝혔다. 따라서 철도공사의 자회사라도 국민의 세금으로 건설된 수서발 노선을 주식회사에 면허한 것은 법의 취지에 맞지 않다.

정부는 철도사업법의 면허 조항에 따른 것이라고 해명한다. 그렇다면 이미 법률상 국유철도의 민영화가 허용됐다는 말이 되어 버린다. 왜냐하면 정부가 근거로 제시한 조문을 보면 분명히 법인이면 면허를 받을 수 있고 공공기관으로 한정하지 않는다. 그런데 심각한 위법은 금요일 밤의 면허 절차이다. 철도 노선의 성격상 수서발 고속철도 사업 면허는 경쟁이 성립하지 않는 독점 사업권을 주는 것이다. 그러므로 헌법과 행정절차법이 정한 대로 다른 예비사업자에게도 투명하고 공평한 기회를 보장해야 한다. 그러나 유신시대의 관치경제를 재현한 듯 면허를 줄 곳까지 미리 내정해 발표했다. 이것은 적법 면허 절차가 아니다. 그리고 세계무역기구 서비스협정에서 정한 합리적·객관적·비차별적인 시행 의무 위반이다. 한미 FTA의 투명성 조항에도 위배된다.

게다가 정부가 면허를 진행하면서 민간 참여를 원천봉쇄한 면허 조건을 붙인 것은 한미 FTA의 서비스시장 개방 관련 부속 조항과도 충돌해 유지될 수가 없다. 왜 그런가? 수서발 노선의 70%는 2005년 6월 이전에 건설된 기존 노선이다. 그러므로 정부는 한미 FTA의 부속서에 있는 "철도공사만이 2005년 6월 30일 이전에 건설된 철도 노선을 운영할 수 있다"고 한 조항을 선택할 수 있었다. 철도공사가 수서발 노선을 운영하는 것이다.

문제는 정부가 그렇게 하지 않았다는 점이다. 대신 "경제적 수요 심사에 따라 국토부 장관의 면허를 받은 법인만이 2005년 7월 1일 이후에 건설된 철도 노선을 운영할 수 있다"는 부속서의 다른 조항을 선택하여 면허 절차를 진행해 버렸다. 그러나 여기서의 '경제적 수요 심사'라는 것은 민간에게 면허를 내주되 그 양적 수량을 조절할 수 있다는 것이다. 아예 민간 참여를 원천봉쇄하는 것은 협정 위반이다. 세계무역기구 규정(S/CSS/W/118)도 경제적 수요 심사로는 양적 조처만 가능하지 자격을 제한하는 질적 조처는 할 수 없도록 되어 있다. 법무부가 낸 『서비스협정 해설서』에도 그렇게 되어 있다.

해법은 있다. 정부가 위법한 면허를 직권 취소하고, 수서발 노선에 한미 FTA의 '철도공사 전담' 조항을 적용하면 된다. 그리고 국회는 민간투자 철도노선만을 대상으로 경제적 수요 심사를 하여 면허를 주는 것으로 명확히 입법하면 된다. 그렇게 하면 국유 철도는 민영화할 수 없을 것이다. 민영화 방지 법제화는 가능하다. 외교통상부가 2007년 4월에 낸 『한미 FTA 최종협상 결과』를 보더라도 "공공 서비스에 대한 규제 권한은 포괄적 유보"라고 되어 있지 않은가? 2년 전 대형마트의 입점을 제한하는 유통상생법을 만들 때도 정부는 FTA 위반이라고 했다. 지금 유통상생법이 유지되고 있는 것은 정부 재량에 맡기지 않고 법률을 만들었기 때문에 가능한 일이었다. FTA를 이유로 철도 민영화 방지를 위한 입법 주권을 포기할 수는 없다.

— 한겨레 2013. 12. 30.

쌀 수입허가제
폐지 대책을
질의한다

쌀은 주식이다. 그래서 우리나라는 해방 이후 지금까지 쌀
무역을 국가가 관리하고 있다. 그렇게 하는 법이 양곡관리법이
다. 이 법에서 쌀은 '허가 대상 미곡'이다. 쌀을 농림축산식품부
장관의 허가 없이 수입하면 10년 이하의 징역에 처한다. 국회
가 이 법조문을 고치지 않는 한, 누구도 쌀을 자유로이 수입할
수 없다.

그동안 쌀농사를 지켜주던 이 제도가 폐지될 상황이다. 정부
는 6월까지 이른바 '쌀 관세화'에 대한 입장을 정하겠다고 했
다. 여기서 쌀 관세화라는 낯선 영어식 낱말은, 누구나 관세를
내면 쌀을 자유로이 수입할 수 있게 한다는 뜻이다. 결국 양곡
관리법의 쌀 수입허가제를 폐지하겠다는 말이 된다. 제발 농민
과 국민이 쉽게 이해할 수 있는 낱말을 쓰자.

이제 곧 6월이다. 그러므로 이동필 농림부 장관에게 다음 세가지 사항을 공개 질의한다. 첫째, 정부가 정하겠다는 쌀 관세율은 얼마인가? 이 문제는 핵심적 사항이다. 왜냐하면 중국 쌀과 미국 쌀의 국내 판매 가격을 결정하기 때문이다. 예를 들어 국내 쌀값이 80kg에 13만 원이고 중국 쌀의 국제시세는 4만 원이라고 하자. 정부가 쌀 관세율을 300%로 정하면 중국 쌀 수입상은 12만 원(4만 원×3)을 관세로 내야 한다. 그러면 중국 쌀의 국내 판매 가격은 16만 원(국제시세 4만 원+관세 12만 원)이 된다.

이처럼 쌀 관세율은 쌀 수입허가제 폐지에 따른 파급 영향을 살펴볼 수 있는 핵심 근거다. 그럼에도 이 장관은 입을 꾹 다물고 있다. 6월 안으로는 결론을 내겠다면서 한사코 관세율을 밝히지 않고 있다. 정부도 인정하다시피 쌀 관세율을 어떻게 계산할 것인가의 산식算式은 이미 세계무역기구WTO 조약에 나와 있다. 그런데도 정부는 300%에서 500% 사이가 될 것이라는 막연한 이야기만 되풀이하고 있다.

둘째, 정부는 왜 "6월 안 결정, 9월 안 쌀 수출국에 통보"라는 시한에 스스로 몸을 묶는가? 국회가 양곡관리법을 개정해서 쌀 수입허가제를 폐지하지 않는 한, 이른바 쌀 관세화는 불가능하다. 이런 사정은 미국도 알고 중국도 알고 있다. 그 어느 나라도 한국 국회를 차지해서 양곡관리법을 바꿀 수 없다. 쌀 수입허가제 폐지 문제는 단순한 대외조약에 대한 해석의 문제가 아니다. 한국이 선택해서 결정하는 국내 문제다. 국회가 올해

연말까지 쌀 수입허가제를 폐지하지 않더라도 주요 쌀 수출국들은 한국을 바로 제소하기 어렵다.

이유는 세 가지다. 하나, 한국은 국내 소비량의 12%나 되는 외국 쌀을 매년 수입해야 하는 국제 의무를 잘 지키고 있기 때문이다. 둘, 미국의 경우 해마다 자국산 쌀 5만 톤을 쿼터로 한국에 수출하는 기득권을 유지하기 때문이다. 셋, 쌀 수출국들이 한국을 제소해서 승소한들 얻을 이익이 막연하다. 지금 필요한 것은 6월이니 9월이니 하는 시간표가 아니다. 시간은 우리 편이다.

마지막 질의로, 정부는 쌀 수입허가제 폐지에 어떤 대책을 가지고 있는가? 쌀 관세율을 계속 유지할 수 있는 방법이 있는지, 외국 쌀이 자유로이 수입되더라도 국내 쌀농사를 존속시킬 대책이 있는지, 쌀농가에 꼭 필요한 농지개혁을 준비하고 있는지 공개 질의한다.

나는 위 세 가지 사항에 대한 답변이 정부와 농업계의 소통과 대화로도 이어지기를 기대한다. 농업계도 정부의 답변을 경청할 것이라고 생각한다. 헌법은 농업의 보호와 육성을 국가의 의무로 규정하고 있다. 이 의무가 조약보다 더 중요하다. 헌법을 지키는 장관의 답변을 기대한다.

— 한겨레 2014. 5. 26.

가수 김장훈은
왜 고발당했나

가수 김장훈은 그의 표현대로 "근 한 달 만에 쉬는 날이라" 영화 '테이큰 3'를 다운로드받았다. 그리고 이 일로 검찰에 고발당했다. 김장훈을 고발한 사람은 영화감독이나 촬영감독이 아니었다. 영화와 아무런 관련이 없는 '자유청년연합' 관계자였다.

인터넷 이용권을 옹호하는 시민단체인 '오픈 넷'이 제대로 밝힌 대로, 김장훈의 행위는 현행 저작권법으로도 허용되는 '사적 이용'이다. 합법이다.(제30조)

놓쳐서는 안 되는 다른 질문이 하나 있다. 누구나 타인에 대해 그가 집에서 '불법' 다운로드 행위를 했다는 이유로 고발할 수 있는가이다. 즉 우리는 저작권자가 아닌 일반 시민으로부터도 집에서 '불법' 다운로드를 했다는 이유로 고발당할 수 있는가 하는 것이다.

이는 매우 중대한 문제이다. 타인의 저작권을 존중하고 정당한 대가를 지불하는 일은 당연히 권장해야 한다. 그러나 고발이나 고소는 국가 형벌권의 발동 문제이다. 만일 누구나 우리를 집에서 '불법' 다운로드를 했다는 이유로 고발할 수 있다면, 그런 사회에서는 인터넷 프라이버시를 향유한다고 말할 수 없다.

본디 우리는 집에서의 '불법' 다운로드를 이유로 이웃으로부터 고발되지 않을 자유를 가지고 있었다. 아니, 지금도 그러하다. 현행 저작권법 제140조는 이렇게 되어 있다.

제140조(고소) 이 장의 죄에 대한 공소는 고소가 있어야 한다.

여기서의 '고소'는 영화감독, 촬영감독, 미술감독, 또는 영화제작사 등의 저작권자만이 할 수 있다. 그러므로 '자유청년연합'은 가수 김장훈을 고발할 권리가 없다. 이것을 친고죄라고 한다. 간통죄가 대표적인 친고죄이다.

집에서 하는 '불법' 다운로드는 '사적 이용'으로 합법일 뿐아니라, 누구로부터도 고발당할 수 있는 행위가 아니다.

그렇다면 어떻게 '자유청년연합'은 가수 김장훈을 고발하였을까? 한미 FTA는 위 친고죄 조항을 무력하게 만들었다. 한미 FTA에 맞추기 위해, 한국은 2011년 12월에 법을 바꿨다. 위 조

저작권은 지적인 창작물이다.

하늘 아래 새로운 것이 없다는 말처럼,

그 어떠한 저작권자도

사회와 인류의 지식 유산에 의지하고 빚을 지면서

자신의 창작을 완성한다. 저작권자를 과잉 보호하는 것은

저작권의 본질에 맞지 않다.

항에 다음과 같은 뜻의 단서를 바꾸어 붙였다.

'다만, 영리를 목적으로 또는 상습적으로' 저작권을 침해하는 경우에는 그러하지 아니하다. (제140조 제1호)

이 조항의 의미는 무엇인가? 영리를 목적으로 하지 않더라도 상습적으로 저작권을 침해하는 경우에는 누구나 고발할 수 있다는 의미이다. 즉 한미 FTA 체제에서는 영리행위가 없더라도 상습적으로 저작권을 침해한다고 주장하면 누구나 이웃에 의해 고발될 수 있다.

인터넷 프라이버시는 시민의 기본권이다. 시민이 기본권을 누리는 것은 일시적인 것이 아니라 항상, 언제나, '상습적으로' 보장해야 한다. 그러나 오히려 시민이 '상습적'으로 인터넷 프라이버시를 향유하는 순간, 그는 고발될 수 있다. 이것이 한미 FTA가 가져온 커다란 퇴보이다.

저작권은 지적인 창작물이다. 하늘 아래 새로운 것이 없다는 말처럼, 그 어떠한 저작권자도 사회와 인류의 지식 유산에 의지하고 빚을 지면서 자신의 창작을 완성한다. 저작권자를 과잉 보호하는 것은 저작권의 본질에 맞지 않다.

아동과 청소년의 성보호를 위한 법(아청법)에서도 아동 음란물을 단순히 다운로드 받아 혼자 보는 행위를 형사 처벌하지는 않는다. 그런데 단지 영화 제작사의 저작권을 침해했다는 이유로 영화 다운로드에 대해 형사 처벌을 요구하는 것은 옳은가?

만일 타인의 재산권에 피해를 주었다는 것이 그 자체로 형사 처벌 사유라면, 전국의 모든 신용 불량자는 감옥에 가야 할 것이다.

가수 김장훈에 대한 고발 사건은 다시 일어나서는 안 된다. 가수 김장훈만의 일이 아니다. 보통 시민들 그 누구도, 집에서 '불법' 다운로드를 했다는 이유로 이웃에 의해 형사 고발당해서는 안 된다. 인터넷 프라이버시에서 지적 창작물에 자유로운 접근을 최대한 허용해야 한다. 이는 한국인이든, 미국인이든, 중국인이든, 국적에 관계없이 보장받아야 할 인권이다.

— 프레시안 2015. 2. 25.

론스타 5조 원 청구서는
실체가 없다

연극이 시작했다. 어두운 무대 가운데 세 명의 외국인 심판관이 앉아 있다. 구석에는 대한민국의 자리가 있다. 론스타가 등장하더니 한국에게 청구서를 내민다. 한국이 놀라 엉덩방아를 찧으며 손을 내젓는다. 그러자 론스타는 한국을 일으켜 세워 심판관 앞의 피고석에 앉힌다. 심판관 중 한국의 법과 문서를 읽을 줄 아는 사람은 없다. 한국은 심판관의 세 치 혀를 쳐다보고 있다.

이 연극의 결말이 어떻게 될까? 무대를 좀 더 자세히 보자. 특이하다. 관객이 없다. 연극의 3요소의 하나인 관객이 없다. 연극이 재미가 없어서일까? 아니다. 아주 많은 관객들이 입장하고 싶었다. 그러나 배우들이 극장의 문을 걸어 잠갔다. 론스타 청구서는 무대의 짙은 어둠 속에 감춰져 있다.

입장을 거부당해 극장 밖에 모여 있는 시민에게 한국의 법무부 공무원이 속삭인다. "청구서는 46억 7,900만 달러, 우리 돈으로 5조 1,328억 원짜리입니다. 처음에는 43억 7,800만 달러짜리였답니다. 도중에 3,000억 원을 올렸네요." 객관적 예측이라며 한국이 거액의 배상금을 물어 주어야 한다고 설파하는 학자도 있다. '쿨'하게 돈을 주어 이제는 론스타를 보내 주자고 말하는 기자도 있다.

무대 위와 극장 바깥의 세계가 온통 연극이다. 론스타의 5조원 청구서는 무대의 어둠 속에 묻혀 있는데, 극장 앞의 길가에서 시민에게 지갑의 돈을 꺼내라고 말하는 세상은 충분히 한편의 연극이다. 시민의 입장을 금지시키면서 시민에게 연극 무대와 배우 비용으로 265억 원을 거둔 일보다 더 연극적인 것은 없다.

그러나 론스타의 5조 원 청구서는 실체가 없다. 론스타가 외환은행 지분 매입에 투자한 돈은 2조 1,570억 원이었다. 그리고 론스타는 2006년 5월에 국민은행에게 6조 3,000억 원에 파는 주식매매 계약을 체결했다. 이 계약이 성사되었다면 론스타는 4조 1,430억 원의 이익을 남길 수 있었으나 계약은 그 해 11월에 파기되었다. 론스타는 지금 이 계약 파기가 한국 정부의 승인 지연에서 비롯했으므로 차액을 청구하라는 것인가?

그러나 이는 불가능하다. 그 이유는 5년이라는 중재 회부 시한이 지났기 때문이다. 론스타가 이명박 대통령에게 국제중재 회부 의향서를 보낸 날짜인 2012년 5월 21일은 계약파기일로부터 이미 5년이 지났다. 론스타가 이 5년의 장벽을 넘을 방법은 없다. 론스타는 5년 시한 규정이 없었던 옛 한·벨기에 투자협정을 이용하여 한국을 중재에 회부한 것인가?

이 방법도 불가능하다. 론스타가 워싱턴시에 있는 '국제투자분쟁해결센터'에 한국을 회부하려면 한국과 론스타 사이에 '투자' 분쟁이 발생해야 한다. 그러나 옛 협정에는 '투자'를 '농업 공업 광업 임업 통신 및 관광' 분야로 규정했다. 3조 1항에 그렇게 못 박아 두었다. 그러므로 론스타의 외환은행 주식 매입은 옛 협정의 투자가 아니다. 따라서 론스타와 한국 사이의 분쟁은 옛 협정에 의하면 투자분쟁이 아니다. 론스타는 한국을 국제투자분쟁해결센터에 회부할 자격이 없다.

누가 론스타의 5조 원 청구서를 보았나? 청구서에는 국세청이 론스타에게 부과한 세금을 돌려 달라는 항목이 포함되어 있는가? 그러나 이것은 원천적으로 불가능하다. 한·벨기에 투자협정에는 한국에서의 재판 구제 절차를 포기하지 않는 한 국제중재에 회부할 수 없도록 했다.(8조 3항) 그런데 론스타는 현재 알려진 것만 해도 15건이 넘는 조세 소송을 한국 법원에서 진행했다.

이 중에는 론스타가 외환은행 주식을 매입하기 위해 벨기에에 세운 서류회사가 원고인 소송도 있다. 이 국내 소송은 외환은행 주식을 하나은행에 3조 9,000억 원에 팔면서 3,876억 원의 법인세 낸 것을 다툰 것이다. 벨기에 서류회사는 서울행정법원에서 일부 승소해서 1,772억 원의 세금을 돌려받게 되었다. 그러자 일부 패소한 남대문 세무서장이 항소했다. 지금 항소심이 서울 고등법원에서 진행 중이다. 이런 상황에서 론스타가 국제 중재에 이 벨기에 회사를 다시 앞세워 똑같은 세금 반환 청구를 할 수는 없다.

이제 론스타의 5조 원 청구서를 밝은 대낮에 시청 광장에 걸어 두어야 한다. 지나가는 시민이라면 누구나 볼 수 있어야 한다. 만일 그 청구서가 론스타가 2008년 9월에 홍콩상하이 은행에 약 6조 원에 팔기로 한 것이 좌절된 책임을 한국에 묻는 것이라면 터무니없다. 당시는 미국발 서브프라임 사태로 국제 금융위기가 확산되던 때였다. 그래서 홍콩상하이 은행이 계약 해제권을 정당히 행사한 것이다.

론스타의 청구서는 론스타가 하나금융에 4조 7,000억 원에 팔기로 했던 것을 3조 9,000억 원으로 낮춰 팔았던 책임을 한국에게 묻는 것인가? 이것은 론스타 책임이다. 그 사이에 론스타가 외한신용카드 주가 조작으로 유죄판결을 받았기 때문이다. 론스타 스스로가 상소하지 않아 유죄가 확정되었다.

무엇이 두려워 론스타의 청구서를 어둠에 감추는가? 한국 법원의 판결문을 그대로 인용하면 론스타는 외환은행 대주주 적격 자격 심사 절차에서 "동일인 관계 회사와 자산규모를 임의로 축소 신고하거나 신고에서 누락했다." 이는 론스타는 한·벨기에 투자 협정에서 보호하는 대상인 '적법한' 투자자가 아니었음을 의미한다. 그러므로 애시당초 론스타는 한국을 국제 중재에 회부할 자격이 없다.

밝은 햇빛과 법치주의가 필요하다. 론스타가 기세를 올리는 것은 아무리 한국의 법원이 법과 정의의 판결을 하더라도, 세 사람의 외국인 중재인이 이를 결국 뒤집어 버릴 수 있기 때문이다.

당장 론스타에게 매긴 법인세만 보자. 대법원은 2007년부터 실질과세의 원칙을 외국의 명목상 서류회사들에게도 적용했다. 국세청은 이를 근거로 이중과세방지협정 적용 대상에서 페이퍼 컴퍼니를 제외하여 법인세를 부과했다. 만일 대법원의 원칙이 세 명의 국제 중재인에 의해 무너진다면, 한국 국세청은 페이퍼 컴퍼니에게 계속 세금을 매길 수 있을까? 사법부의 판결이 정부에게 권위를 잃으면 더 이상 법치주의라 할 수 없다.

론스타 극장의 빗장을 풀어야 한다. 관객의 입장을 허용해야 한다. 무대의 등잔을 밝혀 시민이 론스타와 정부의 변론을 보고 들을 수 있어야 한다. 납세자라면 누구나 론스타의 청구서를 읽을 수 있어야 한다. 연극의 밀실 무대를 납세자의 광장으로 바꾸어야 한다. 그래야 이 땅에 법치주의가 산다.

— 한국일보 2015. 6. 7.

국제 중재 회부제
폐지해야

　국제 중재 회부라는 낯선 말이 시민의 일상에 뛰어들었다. 론스타의 5조 원 대의 국제 중재 회부 사건의 2차 변론 기일이 오는 29일에 시작한다. '하노칼'이라는 아부다비 '만수르'의 회사도 한국을 국제 중재에 회부했다. 게다가 '엔텍합'이라는 이란 회사도 한국을 회부하겠다는 의향서를 보냈다.

　이제는 법전과 법률 용어 사전에서 뛰어나와 한국의 거리에서 활보하는 국제 중재 회부란 무엇인가. 기업이 국가의 국회, 정부, 법원을 국제 중재에 회부하는 것이다. 이 제도의 일차적 특징은 기업이 영업을 하는 나라의 사법부에 복종하지 않는다는 점이다. 론스타와 만수르는 공통적으로 이미 한국의 법원에 세금 소송을 하고 있거나 패소했다. 그런데도 다시 한국의 세금 부과가 부당하다며 국제 중재로 한국을 끌고 갔다. 이렇게 되면 조세 부과에 대한 한국 법원의 최종적 권위는 크게 흔들린다.

실체가 없는 5조 원 청구

그러나 이 제도는 그저 사법부에만 영향을 주는 것이 아니다. 한국의 민주주의 전반을 심각하게 후퇴시켰다. 론스타 사건을 보자. 이 회사가 청구하는 돈이 애초 4조 6,000억 원에서, 5조 1,328억 원으로 늘었다. 그러나 론스타 청구액의 실체를 아는 국민은 없다.

론스타가 국제 중재 대비를 위해 쓰는 돈이 112억 3,400만 원이다. 2013년도부터 사용한 예산을 합하면 219억 5,200만 원이다. 게다가 만에 하나 한국이 패소하면 론스타는 납세자에게 막대한 청구서를 보낼 것이다. 그런데도 국민은 론스타의 5조 원 청구가 어떻게 계산되어 나온 숫자인지조차 모른다.

론스타는 2006년 5월에 국민은행에 6조 3,000억 원에 파는 주식 매매 계약을 체결했다. 이 계약이 성사됐다면 론스타는 4조 1,430억 원의 이익을 남길 수 있었으나, 계약은 그해 11월에 파기됐다.

론스타는 지금 이 계약 파기가 한국 정부의 승인 지연에서 비롯했으므로 그 차액을 청구하는가? 그러나 이것은 불가능하다.

그 이유는 5년이라는 중재 회부 시한이 지났기 때문이다. 론스타가 이명박 대통령에게 국제 중재 회부 의향서를 보낸 날짜인 2012년 5월 21일은 계약 파기일로부터 이미 5년이 지났다.

론스타와 만수르의 국제 중재 회부는 한국 민주주의와 법치주의의 심각한 후퇴이다. 입법자가 제정한 법률은 종이 장식처럼 됐다. 공공기관 정보공개법에 따라, 민변이 5조 원의 실체 공개를 요구해도, 정부는 밝히지 않는다. 만수르가 왜 한국을 국제 중재에 회부했는지, 그 회부 의향서를 공개하라고 요구해도, 거부한다.

공공 정책을 조준하는 무기

론스타와 만수르 사건의 값비싼 교훈은 국제 중재 회부권을 근본적으로 재검토해야 한다는 것이다. 호주(오스트레일리아)는 일본과의 자유무역협정FTA에서 이를 제외했으며, 작년에 유출된 환태평양 동반자 협정TPP 협정문에서도 호주에 대해서는 적용하지 않는다는 조건부 조항이 들어가 있었다. 호주 의회는 한국·호주 FTA에 대해 기업의 국제 중재 회부권한에 대해 재협상할 것을 결의했다.

독일 경제부 장관 가브리엘Sigmar Gabriel과 유럽연합EU 국제 통상 담당 집행위원 융커Jean-Claude Juncker도 미국과 유럽연합의

FTA에서 기업에 국제 중재 회부권을 부여해서는 안 된다고 강력히 비판하고 있다.

에콰도르, 볼리비아, 베네수엘라가 국제 중재 회부권의 산실인 국제투자분쟁해결기구ICSID 조약에서 탈퇴했다. 인도네시아도 기업의 국제 중재 회부권을 포함한 투자보장협정을 종료시키겠다는 방침을 발표했다. 남아공도 스페인, 네덜란드, 독일 등과 체결한 투자보장협정을 해지했다. 유엔 무역개발회의 UNCTAD 『2014년 ISDS 연례 보고서』도 이 제도가 투자를 촉진한다는 증거는 없다고 분석했다.

최근의 국제 중재 회부 사건을 보면 국민을 위한 공공 의료 정책마저 국제 중재 회부권의 과녁임을 알 수 있다. 미국 제약회사가 의약품 특허권을 인정하지 않은 캐나다 법원 판결에 맞서 5억 달러의 배상을 요구하며 캐나다를 국제 중재에 회부한 일라이 릴리Eli Lilly 사건이 있다. 이는 캐나다 법원의 특허 심사기준에 대한 해석 권한을 정면 도전한 사건이다.

어떤 사람들은 한미 FTA에서 "국민 건강, 안전, 환경 등 공익목적의 비차별적 공공정책의 경우 수용에 해당하지 않는다"는 조항을 두었으니, 한국의 공공 정책은 공격을 받지 않을 것이라고 말한다. 그러나 현실과 다르다. 이런 조항에서도 기업은 공공 정책을 국제 중재에 회부했다.

예를 들면, CAFTA(중미 일부 국가와 미국의 FTA) 부속서 10-C에는 위와 같은 한미 FTA 조항이 있지만, 퍼시픽 림 마이닝Pacific

나의 결론은 국제 중재 회부제의 폐지이다.
한국과 같이 자국 화폐가 국제 금융 시장을
주도하지 못하는 나라에서는 국제 중재 회부권을
수용해서는 안 된다. 론스타와 만수르 사건에서 얻은
값비싼 교훈이다.

Rim Mining 사건에서 국제 중재를 막지 못했다. 이 회사는 금광 채굴 허가에 필요한 환경 보호 조치를 이행하지 못해 허가를 거부당하자, 3억 달러의 배상을 요구하며 엘살바도르를 국제 중재에 회부했다.

페루·미국 FTA 부속서 10-B에도 위와 같은 한미 FTA 조항이 있지만 렝코 마이닝Renco mining 사건에서도 국제 중재 회부를 막지 못했다. 페루 정부가 부여한 오염 제거와 환경 복원 의무 이행기간을 연장해 주지 않았다면서 8억 달러의 손해 배상을 요구하며 페루·미국 FTA에 근거해 국제 중재에 회부했다.

경제 위기와 국제 중재 회부권

특히 스페인, 그리스, 사이프러스 등 경제 위기를 겪은 유럽의 나라들의 긴축 정책에 대항하는 국제 중재 회부를 보면, 국가의 정책 자율권을 얼마나 해치는지를 알 수 있다.

스페인은 재생 가능 에너지 보조금을 삭감하고 전력 생산에 과세한 것을 이유로 국제 펀드들로부터 7억 유로 배상을 요구하는 국제 중재를, 그리스는 그리스 국채를 보유한 국제 금융기관으로부터 국채 정책 변경을 이유로 국제 중재를(Postova 사건), 사이프러스는 부실은행의 건전성 강화를 위해 공적 자금을 투입해 국가 보유 지분을 높였다는 이유로, 10억 유로나 되는 엄청난 배상금을 요구하는 국제 중재를(Marfin Investment Group 사건) 당했다.

이처럼 경제 위기에 처한 국가의 비상 정책에 대해 국제 중재로 대항하는 사례는 이미 아르헨티나가 55건의 국제 중재에 회부된 것에서 잘 알 수 있다.

나의 결론은 국제 중재 회부제의 폐지이다. 한국과 같이 자국 화폐가 국제 금융 시장을 주도하지 못하는 나라에서는 국제 중재 회부권을 수용해서는 안 된다. 론스타와 만수르 사건에서 얻은 값비싼 교훈이다.

— 프레시안 2015. 6. 24.

서울시 청년수당
무력화하려는
황교안 총리에게

박원순 시장은 서울특별시 시장이다. 그는 지방자치법 제9조에 따라, "주민의 복지 증진에 관한 사무"를 처리할 수 있다. 박 시장이 '청년활동수당'으로 90억 원의 예산을 마련한 것은 그의 적법한 사무이다.

군이 말하지 않아도 이 시대 미취업자와 졸업 예정자들의 고통을 조금은 안다. 미취업자와 졸업 예정자 청년들 3,000명을 지원하여, 그들이 구직 활동을 비롯하여 여러 '청년의 시간'에 투자하도록 돕는 것은 청년에게 내미는 사회적 손길이다.

그러나 정부는 2013년에 사회보장기본법에서 지방자치단체의 복지 사무를 위축시키는 복지 제도 '협의' 조항이 들어간 것을 기화로, 아예 박 시장의 청년수당 자체를 무력화하려고 한다. 심지어 박 시장의 청년수당을 '범죄'라고 부르고, 교부세

지원을 깎겠다고 박 시장을 압박한다. 황교안 총리는 아예 지방교부세법 시행령까지 고쳐 버렸다. 그래서 위 복지 정책 협의 절차를 거치지 않는 경우에는 "지나치게 많은 경비를 지출하였다"는 이유로 교부세를 깎도록 했다.

보건복지부 장관과 협의가 안 될 경우 국무총리 소속 위원회가 지방자치단체의 복지 정책을 조정하도록 한 협의 조항은 지방자치법과 맞지 않다. 헌법이 보장한 지방자치 제도의 본질을 해친다.

나는 황 총리에게 묻고 싶다. 박 시장의 90억 원이 지나치게 많은 경비인가? 그렇다면 론스타의 5조 5,054억 원은 어떤가? 미국의 사모 펀드인 론스타가 대한민국에게 요구하는 돈은 46억 7,950만 달러이다. 오늘(8일) 환율 1,176원을 기준으로 하면 약 5조 5,054억 원이다. 이 돈은 박 시장이 계획한 청년수당을 611년간 지원할 수 있는 돈이다.

새해 휴가가 끝나자마자 헤이그에서 마지막 론스타 심리가 열린다. 하지만 시민도, 국회의원도, 기자도 출입할 수 없다. 재판의 신뢰와 공정을 보장하려는 근대 사법제도의 공개재판주의를 내팽개쳤다.

나는 론스타 중재 판정부에 참관을 요청했지만 거부당했다. 중재 판정부는 지난 21일자로 내게 거부 회신을 보냈다. '당사자들', 그러니까 론스타와 대한민국 정부가 반대하기 때문에 참관을 불허한다는 것이다.

나는 정부에 론스타가 달라는 청구 액수가 도대체 어떻게 계산된 것인지를 물었다. 그러나 정부는 외교 분쟁이 발생할 우려가 있다는 이유로 거부했다.

론스타 사건은 한국의 금융/산업 분리와 대주주 적격 심사라고 하는 은행 정책의 뼈대, 그리고 다국적 기업의 조세 회피에 대한 대응이라는 조세 주권의 문제이다. 즉, 한국의 법률이 적법하게 론스타에게 적용되었는가의 문제이다.

그러므로 한국 법원이, 한국 정부가 론스타에게 한 행정이 적법 타당했는지를 최종적으로 판단하면 된다. 여기서는 시민과 국회의원과 기자들은 한국 법정에 참석하여 정부와 론스타의 주장을 직접 들을 수 있다. 그러나 지금 세 명의 낯선 외국인이 공개조차 하지 않은 채 한국을 심판한다. 그 결정에 대해서는 항소조차 불가능하다.

론스타 재판 결과를 지금 예측하기 어렵지만, 그 과정과 절차는 이미 근대 사법 원칙에서 벗어났다. 밖으로는 낡고 전근대적인 질서에 순응하면서, 안으로는 청년수당의 새로운 손길을 잘라 버리려는 그런 정부를 원하지 않는다. 시민의 정부를 만들지 않고선 답이 없는 세상을 살고 있다.

— 프레시안 2015. 12. 8.

산업부 장관,
대법 'FTA 판결'에
맞설 텐가

대통령은 탄핵 농성 중이고, 세종 정부 청사의 고위 공무원들은 숨 쉬기를 멈추었다. 그토록 애용하던 '안보'와 '민생'을 위해서라도 대통령은 이제 그만 농성을 중단해야 한다.

주권은 국민에게 있다. 그리고 직업 공무원제의 목적도 국민을 위한 법치행정의 지속성을 담보하기 위해서이다. 공무원은 대통령이라는 한 개인의 신하가 아니다. 공무원이 무엇을 어떻게 할지는 국민의 대표자들이 법률에 근거와 절차를 정해 두었다. 그러나 지금의 세종 청사 고위 공직자들은 법치행정의 원칙조차 지키지 않는 듯하다.

대법원이 산업통상자원부 장관에게 한미 FTA 협상 문서를 공개하라는 판결을 한 지도 11일째이다. 이 판결은 트럼프 미국 대통령 당선자의 압박에 대한 대응에도 필요하다. 트럼프

당선자는 미국이 아니라 멕시코에 공장을 지을 경우 국경세를 부과하겠다고 압박할 태세이다. 그러나 그의 언행은 FTA의 기본 원칙에도 어긋난다. 미국과 멕시코의 FTA에는 그러한 새로운 조세나 관세 부과가 금지 대상이다.

대법관들의 FTA 협상 문서 공개 판결은 단순 명료하다. 한미 FTA에는 여러 독소조항이 있지만 그중에서도 특히 이상한 조문이 하나 있다. 미국에서 기업 활동을 하는 한국 기업에 미국법 이상의 FTA 보호를 제공하지 않는다는 내용이 서문에 있다. 이 조항의 협상 문서를 공개하라는 것이 대법원 판결이다.

이 문구는 미국 무역법 조문을 그대로 한미 FTA에 심어 놓은 것이다. 이 조항은 이런 논리이다. 미국법은 이미 충분히 미국에 투자한 외국 기업을 보호한다. 이미 FTA를 통해 제공하려는 보호 수준보다 더 높다. 그러니 FTA를 한다고 해서 미국법 이상의 보호를 외국 기업에 제공해서는 안 된다.

그러나 이런 식의 접근은 '미국 예외주의'요 '미국 일방주의' 이다. 이미 미국법의 보호 수준이 FTA보다 더 높다면 그냥 미국법의 적용을 그대로 받으면 되지 FTA를 왜 하는가?

피고 산업부 장관은 대법원 판결을 따라야 한다. 대법원 판결은 명확하다. 왜 이렇게 이상한 문장이 FTA에 들어갔는지, 그 효력이 어떻게 되는지 협상 문서를 공개하라는 것이다. 공개를 한사코 거부했던 산업부 장관은 1심에서부터 패소했다. 그런데도 공개하지 않고 항소했다. 항소심에서도 패했다. 그런

주권은 국민에게 있다. 그리고 직업 공무원제의 목적도
국민을 위한 법치행정의 지속성을 담보하기 위해서이다.
공무원은 대통령이라는 한 개인의 신하가 아니다.
공무원이 무엇을 어떻게 할지는 국민의 대표자들이
법률에 근거와 절차를 정해 두었다.

데도 공개하지 않고 대법원에 상고했다. 그리고 대법원에서도 최종적으로 패소했다. 그런데도 피고 산업부 장관은 공개하지 않는다.

산업부 장관은 역사적 소임을 다해야 한다. 그는 외교 안보 분야에서 법치주의를 실현한 최초의 장관이 되어야 한다. 일찍이 1967년의 한일 청구권 협상, 1978년의 한국군 작전권 이양 비밀 조약(이 조약은 조약 조항조차 공개하지 않았다!), 2007년의 한미 FTA 협상, 2008년의 미국산 쇠고기 광우병 검역 협상, 최근의 '위안부' 협상, 사드 협상에 이르기까지 한국의 외교 안보는 법치주의를 위반하여 매우 취약했다. 그 참담한 결과로 아베 일본 총리로부터 일본이 도덕적 우위에 있다는 망언을 듣게 되었다. 일본 정치인으로부터 한국은 사기국가라는 오명을 듣게 되었다.

외교 안보도 법치주의 행정을 따라야 한다. 절차적으로 국민의 알권리를 보장해야 한다. 그리고 국민의 대표자인 국회와 협의하고 토론해야 한다. 이 과정에서 내적 정당성을 확보해야 한다. 그래야 분열되지 않고 조롱당하지 않는다.

'위안부' 협상을 공개하라는 서울행정법원 판결이 말했듯이, 위안부 합의로 "위안부 피해자 문제가 최종적·불가역적으로 해결되는 것이라면 피해자뿐만 아니라 대한민국 국민은 일본 정부가 어떠한 이유로 사죄 및 지원을 하는지 및 그 합의 과정이 어떠한 방식으로 진행되었는지를 알아야 할 필요성이 크다."

그렇다. 트럼프 시대에 국민은 알아야 한다. 한미 FTA에 왜 이상한 조항이 들어왔는지 알아야 한다. 산업부 장관은 FTA 대법원 판결을 따라야 한다.

— 경향신문 2017. 1. 9.

홍준표의
세일가스 FTA 전략?
트럼프가 웃는다

도널드 트럼프 미국 대통령은 지난 27일 『워싱턴포스트』와 한 인터뷰에서 한미 FTA를 폐기할 수 있다고 말했다. 그가 의도적으로 모른 체했는지 모르지만, 한미 FTA는 그의 말 한마디로 즉시 폐기된다고 했다. 만일 그가 '통지 후 180일 후 폐기'라는 한미 FTA 24.5조를 알고도 모른 체했다면, 그만큼 한국을 강하게 압박하려는 것이다. 트럼프는 바보라기보다는 사업가일 듯하다.

트럼프는 다시 사드 구매비 10억 달러를 한국에 부담시키겠다고 했다. 이어 지난 금요일 28일, 취임 100일을 맞아 FTA 재검토 지시 대통령 행정명령을 내렸다. 아직 조항이 공개되지는 않았지만 로스 미 상무장관은 백악관에서 직접 언론 브리핑을 했다. 이 자리에서 그는 "한국과 277억 달러 적자를 보고 있고 한국은 (미국 무역 적자) 문제의 3.8%"라고 발언했다.

여러 차례 제기했듯이 트럼프 행정부는 새로운 FTA 모델을 만들고 있다. 지금 캐나다와 멕시코와 진행하는 북미자유무역협정NAFTA 재협상에서 미국의 이익을 극대화하는 FTA 거푸집을 조형하고 있다. 이것이 완성되면 한국에도 적용할 것이다.

그런데 단지 미국이 약 20개 나라와 체결한 FTA만 트럼프의 재검토 대상이 아니다. 로스 장관은 WTO도 재검토 대상이라고 말했다. 트럼프 행정부는 미국의 이익을 극대화할 포괄적인 재구축(리세팅)을 추진하고 있다.

이러한 상황에서 홍준표 자유한국당 대선후보는 지난달 30일, "한국이 1년에 수입하는 연료가 1000억 달러인데 가스 부문을 미국 셰일가스로 대체해주면 한미 FTA도 다 협상이 된다"고 말했다. 그러면서 다른 대선 후보들은 이것을 모른다고 말했다.

그러나 홍 후보가 트럼프에게 셰일가스를 도입하겠다고 약속하더라도 그 약속이 실현될 먼 미래의 어느 날, 트럼프는 더 이상 대통령이 아닐 것이다. 은퇴한 노인이 되어 있을 것이다. 트럼프가 이런 제안에 혹해서 홍 후보의 말을 들어줄까?

국제간 가스 도입 계약은 장기 계약이다. 지식경제부(현 산업통상자원부)가 지난 2011년에 연 564만 톤의 천연가스LNG 도입 계약을 승인했는데, 계약 기간은 네덜란드 쉘사와 체결한 경우 2038년까지이다. 홍 후보의 셰일가스 도입 약속이 실현될 미래는 트럼프에게는 의미가 없다.

가스 도입 계약은 진주의료원을 폐쇄한 것과는 전혀 성질이 다르다는 것을 홍 후보는 알아야 한다. 셰일가스 수입 문제는 남북 평화와 경제 협력에서 중요한 러시아 가스 사업과 직결된 중요한 전략적 문제이다.

트럼프 대통령은 셰일가스 하나로 양이 차지 않는다는 말이다. 앞에서 보았듯이 미국은 '트럼프식 FTA 모델'을 만들고 있다. 미국 의회에 보고한 나프타 재협상 방향 초안에는 세금 제도에서의 차별 폐지를 들고 있는데, 이 의미는 수출용 원료 관세 환급제도를 폐지하겠다는 것이다. 게다가 지금 미국은 1995년 이래 세계 경제 질서를 형성한 WTO도 재검토하겠다는 것이다. 트럼프는 셰일가스 하나를 파는 세일즈맨이 아니다.

홍 후보는 알아야 한다. 한미 FTA 덕분에 한국이 미국에 대해 277억 흑자를 낸 것이 아니다. 한미 FTA가 없던 때에도 미국에게 흑자였다. 그리고 무역 흑자가 늘어난 이유는 한국의 경기 침체로 수입 증가율이 줄었기 때문이다.

중국이 FTA 없이 미국에 3,470억 달러 무역 흑자를 냈듯이, 미국에 대해 흑자를 내지 못하는 나라는 거의 없다. 미국이 무역에서 적자를 보는 까닭은 저축보다 더 많이 소비하기 때문이다. 그리고 달러의 패권통화 지위를 유지하려면 미국은 무역 적자를 통해 달러를 공급해야 한다.

홍 후보는 미래를 내다볼 줄 알아야 한다. 미국 주도 질서에

편승하는 것으로는 성장과 안전을 보장할 수 없다. 트럼프의 안색만 살필 때가 아니다.

— 프레시안 2017. 5. 1.

03

가장 중요한
한중 FTA 대책은
무엇인가?

이 나라에서는 2초에 한 개씩 새로운 기업이 탄생한다. 이 나라의 350개 기업이 미국 애플사社의 분업 생산 구조에 참여하고 있다. 이들은 그저 애플사의 하청 업체가 아니다. 애플사에게는 없는 고유의 특허 기술을 가지고 높은 가치를 창출하는 기업이 이미 많다. 중국의 이야기이다.

중국은 매우 빠른 속도로 단순조립국가에서 '기술밀집형 경제'로 달려가고 있다. 저임 노동력에 기초한 전통 산업은 이미 구조 조정에 직면해 있다. 반면 숙련 지식과 첨단과학기술을 사용하는 기술밀집 산업은 팽창에 가속도가 붙었다.

2014년 3분기의 정보 통신 기술의 투자 증가율은 전년도 대비 무려 98%이다. '샤오미小米'와 '알리바바阿里巴巴'는 수면 아래의 거대한 변화를 물 위에서 보여줄 뿐이다.

그래서 묻는다. 한중 FTA를 하면 중국 경제를 계획대로 움직일 수 있을까? 중국 동북 사범대의 추자평 교수는 2014년 『상업연구商業研究』에 발표한 논문에서 2003년부터 2012년까지 중국의 산업이 한국을 어떻게 따라잡고 있는지를 연구했다.

이 글에서는 기술밀집형 산업 분야만을 보자. 중국은 2003년 이 분야에서 한국에 경쟁력이 크게 뒤져 '절대 열세' 단계였다. 그러나 2012년의 경쟁력 차이는 크게 줄어 '상대 열세' 단계로 도약했다. 이 추세대로 중국은 머지않아 기술밀집형 산업에서도 한국을 따라잡을 것이다.

나는 중국이 한중 FTA를 해서 금융, 의료 서비스, 택배 서비스, 국영 기업 서비스 등을 한국에게만 활짝 열어 준다거나 한류를 특별히 보호해 줄 것으로 예상하지 않는다. 중국과 2010년 양안경제협정ECFA을 체결한 대만의 사례가 그러하지 않은가?

중국 국무원은 이미 작년 10월부터 '상해 자유무역시험구'에서 서비스 산업 분야 개방을 시험하고 있다. 중국은 이곳에서 중국에서 유일하게 '금지 항목 게시' 방식으로 서비스 산업을 개방한다고 홍보하고 있다. 그러나 개방의 실상은 매우 더디다. 중국은 상해의 시험과 적응을 거친 후에야 중국 전역에서 개방을 할 것이다. 한중 FTA도 그러한 중국의 큰 틀 속에 움직일 것이다. 중국에게 한중 FTA는 중국이 국경 바깥에 설치한 최초의 본격적인 시험구이다. 그것도 미국의 환태평양 동반자 협정TPP의 마당에다 설치한 개방 실험용 전답이다.

중국이라는 거대 경제권과의 운명과도 같은 만남을 외면하자는 것이 아니다. 그러나 그것이 지금 박근혜 정부가 하는 방식의 한중 FTA이어야 할 필요는 없다. 박근혜 정부의 한중 FTA에는 꼭 갖추어야 할 내용이 없다. 미국이 중국의 WTO 가입 시 조건으로 삼았던 중국 식품 안전에 대한 보장조치 협정이 없다. 그리고 중국발 황사와 미세먼지를 해결할 확실한 환경협정이 없다.

무엇보다도 만일 한국이 중국과 FTA를 해야 한다면, 그것은 북한이 WTO에 가입한 것과 같은 효과를 주는 것이어야 한다. 중국 기업이나 한국 기업이 북한 지역 어디라도 투자해서 생산한 제품에 대해서 한중 FTA를 적용해야 한다. 그래서 북한이 한국이나 중국을 통하여 세계 경제와 조금은 더 온전하게 결합할 수 있어야 한다. 나는 이것이 북한 사람들의 인권을 향상하는 길이며, 국제 사회가 북한과 하는 인권 대화를 실질적으로 받쳐 줄 것이라고 생각한다.

한중 FTA 대책은 무엇인가? 역설적으로 경제적인 영역에서는 한중 FTA의 대책은 없다. 과연 중국 경제를 상대로 경제 영역에서 대책을 세울 수 있을까?

나는 2006년부터 지난 8년간, 한국이 일본을 따돌린다고 자랑하면서 한미 FTA를 맺고, 이것이 일본을 움직여 일본이 TPP에 참가하고, 다시 한국이 여기에 자극받아 TPP에 가입하려고

기를 쓰고, 그러다 보니 중국의 양해를 구하고자 한중 FTA를 하는 악순환을 지켜보았다. 그리고 이 악순환이 한국의 허약한 정당 정치에서 비롯되었다는 것을 실감했다.

가장 중요한 한중 FTA 대책은 무엇인가? 국민의 선호와 이익 그리고 정치적 지지를 온전하게, 있는 그대로 국회 구성에 반영하는 정치가 필요하다. 독일과 같이 국민의 정치적 의사에 온전히 비례하여 의석을 얻는 숙련된 정당들이 통상관료들을 통제해야 한다. 그리하여 한미 FTA를 둘러싸고 진행했던 논쟁을 되돌아보고 평가해야 한다. 한미 FTA를 바로잡아야 중국과 제대로 된 FTA를 차분히 할 수 있을 것이다.

— 프레시안 2014. 12. 10.

한중 FTA 협정문,
서명 전에 공개해야

중국이 한국 경제에 얼마나 커다란 영향력이 있는지 모르는 사람은 없다. 그러나 중국과의 자유무역협정FTA에 어떤 내용이 있는지 아는 사람은 거의 없다.

벌써 3년 전인 2012년 8월의 일이다. 당시 '민주사회를 위한 변호사 모임'(민변)은 이명박 정부에 한중 FTA가 제조업, 서비스업, 중소기업, 중소 상인에 미칠 영향을 연구한 정부 보고서 공개를 신청했다. 그러나 이명박 정부는 거부했다. 할 수 없이 법원에 공개청구 소송을 했다. 당연히 1심과 2심에서 모두 승소했다. 그러는 사이 정권이 바뀌었다. 그러나 박근혜 정부는 공개 대신 대법원에 상고했다. 그래서 아직도 한중 FTA가 경제에 미칠 영향을 연구한 정부 보고서조차 볼 수 없다.

올해는 한미 FTA 발효 4년차이다. 그런데 아직도 이 FTA에 의해 한국이 제도를 바꾸어야 할 것들이 남아 있다. 정부가 국회에 제출한 약사법 개정안에는 이른바 의약품 판매 허가와 특허를 연계하는 제도가 들어가 있다. 미국의 신약 제약사가 특허 침해 소송을 제기하는 것만으로 12개월간 한국 제약회사의 후속약품 판매 허가를 중지하는 제도이다. 환자들이 저렴하게 구입할 후속약품의 출시를 늦추는 나쁜 제도이다.

한미 FTA로 일자리가 많이 생겼는가? 취업자가 35만 명 늘어날 것이라는 2011년 8월 이명박 정부의 장밋빛 전망은 어디로 갔는가?

우리 사회가 2006년 이후 한미 FTA를 둘러싸고 벌인 논쟁과 토론이 사회적 교훈을 얻기도 전인 지금 정부는 일방적으로, 밀실에서 한중 FTA를 추진하고 일본의 환태평양 동반자 협정 TPP에 가입하려고 한다.

아무리 박근혜 정부가 서명을 마친 한중 FTA 협정문을 공개한다고 한들, 국민 여론을 받아들여 중국과 다시 재협상을 할 것인가? 중국과 재협상 가능성은 높지 않다. 그러므로 박근혜 정부는 서명 전에 한중 FTA 협정문을 공개해서 광범위한 국민 의견을 수렴해야 한다.

한중 FTA는 일자리를 늘리는가 아니면 없애는가? 중국은 광범위한 저임금 노동자들이 아직 존재한다. 그러면서도 저임금 조립국가에서 고임금 숙련경제로의 전환을 전 국가적으로 추구하고 있다.

그러므로 한중 FTA는 복합적이고 다중적인 영향을 한국 경제에 줄 것이다. 먼저 당장 중국 기업이 형강을 비롯한 중국산 철강을 덤핑으로 대량 한국으로 수출하는 것에서 알 수 있듯이, 단순 저임금 제조업에서 중국의 가격 경쟁력은 한국을 압도한다. 상황이 이런데도 한중 FTA는 중국산 철강 수입에 대해서는 관세를 즉시 철폐한다. 반대로 중국은 중국으로 수출되는 한국산 철강에 대한 중국 관세를 바로 폐지하지 않는다.

저임 제조업이 아닌 고부가가치 제조업에서 삼성마저 '샤오미'에 밀리는 상황이고, 서비스 산업의 총아인 전자 상거래에서도 롯데쇼핑이 '알리바바'의 온라인 쇼핑몰에 입점하는 상황이다. 이와 같은 광범위한 다층적 구조에서 한국의 노동자들은 중국 노동자들과 경쟁해서 일자리를 지킬 수 있는가?

나는 한중 FTA가 한국의 일자리를 없애고 실업을 가져올 것이라면 그러한 FTA에는 반대한다. 내가 지금까지 한중 FTA 추진을 지켜보면서 놀란 것은 고용에 어떤 영향을 미칠지에 대한 연구조차 없다는 것이다. 가장 최근의 정부 자료인 작년 11월의 『한중 FTA 상세 설명 자료』에는 '고용에 미치는 영향'을 연구할 '용역 발주 예정'이라고 되어 있다.(12쪽)

실업 문제 외에도 한중 FTA는 북한이라는 중대한 요소가 있다. 북한이 국제 시장에 합리적으로 편입되어 정상적인 교역 활동을 할 수 있도록 하는 것은 한국 경제에 매우 중요하다. 한중 FTA는 그 제도적 통로가 될 수 있다. 장차 한중 FTA의 북한 관련 조항이 불필요한 분열의 원인이 되지 않도록 정부는 북한 조항을 미리 공개해서 국민적 합의를 끌어내어 이를 근거로 추진해야 한다.

나는 한중 FTA에서 투자자 국가 제소를 제외해서 한국 정부의 정책 자율권을 확보해야 한다고 생각한다. 이미 한중 투자자 보호 협정에 위 제도가 있으므로, 굳이 이를 FTA라는 경제 통합 장치에 고정화시킬 필요가 없다.

또한 중국산 식품에 대한 식품 검역을 미국이 중국에 하는 수준으로 강화하는 조항과 중국발 미세먼지를 획기적으로 줄일 조항도 포함되어야 한다고 생각한다.

한중 FTA를 국민에 이로운 방향으로 추진하려면 한중 FTA 서명을 하기 전에 미리 협정문 내용을 국민에게 공개할 필요가 있다. 그래야 건전한 합리적 여론 형성이 가능하다. 거듭 서명 전 협정문 공개를 촉구한다.

— 프레시안 2015. 2. 24.

FTA 10년의
교훈과
한중 FTA

지난 10년간 50개가 넘는 나라와 자유무역협정FTA이란 것을 했다. 그 결과로 살림살이가 나아졌는가? 정부가 FTA를 할 때마다 경제가 더 성장할 것이라고 발표한 성장률을 모두 합하면 얼마일까? 무려 12.3%다. 한국 경제에 정말 유익했는가?

미국, 유럽 그리고 중국과 같은 거대 경제는 자기를 중심으로 배타적 FTA 블록을 만들어 국가 이익을 극대화할 수 있다. 미국이 중국에 맞서는 환태평양 동반자 협정TPP을 추진하는 이유다. 그러나 한국 경제는 자기 중심적 동맹을 만들 만큼 거대 경제는 아니다. 그러면서도 개방 정도가 거대 경제권보다 더 높다. 수입과 수출이 총수요(총공급)에서 차지하는 비율이 36.2%(2012년 기준)나 된다. 게다가 한국의 원화는 국제 경제에서 널리 통용되지 못한다. 외환위기 관리가 중요할 수밖에 없다. 이런 특성에 적합한 국제 경제 질서는 배타적인 FTA가 아니라 모든 나라에 평등하며 안정된 다자주의다.

FTA의 배타성이 한국 경제에 불리하다는 점은 이미 확인되고 있다. 미국과 일본이 주도하는 TPP가 출범하면 미국은 일본산 자동차에 관세 특혜를 줄 것이다. 미국이 한국과의 FTA에서 한국에 부여한 것을 일본에도 나누어주는 방식이다. 그렇게 되면 정부가 한미 FTA를 해서 얻었다고 선전한 특혜라는 것이 사라진다. FTA 특혜는 이처럼 일시적일 뿐이지만 대가로 준 양보는 사실상 영구적이다. 무엇보다 국민의 안정된 삶과 연결돼 있다. 다국적 제약회사가 특허 소송을 제기하면 후발 약품 시판 허가를 9개월간 자동 중지하는 퇴행적 제도를 미국에서 수입해서 이달부터 시행해야 하는 것이 한 사례다. 이산화탄소를 적게 배출하는 소형차에 300만 원의 보조금을 주려던 정책조차 한미 FTA 때문에 실현할 수 없게 된 것도 마찬가지다.

법치 경제의 관점에서 보면 지금과 같은 FTA 추진 방식은 민주주의를 해친다고 지적할 수 있다. 국회는 국민의 다양한 여론을 수렴해서 FTA에 반영하지 못한다. 찬반 투표만 할 수 있을 뿐이다. 한중 FTA를 보자. 중국산 중금속 미세먼지에 고통받는 한국민의 입장에서 한중 FTA의 가장 큰 쟁점은 중국의 낙후된 환경법 문제여야 한다. 한미 FTA에서도 알 수 있듯이 환경은 국제통상규범의 핵심적 의제다. 중국의 초미세먼지(PM 2.5) 대기환경 기준은 국제기준의 3분의 1밖에 되지 않는다. 게다가 중금속 황사의 원인인 석탄과 자동차의 매연 기준을 제대로 집행하지 않는다.

중국 허베이 지역의 철강업체들이 한국에 값싼 형강과 철근을 수출할 수 있는 것은 철강업체들에 환경기준을 제대로 적용하지 않기 때문이다. 한중 FTA에는 중국의 중금속 황사를 줄일 획기적인 내용을 포함해야 한다. 중국산 식품에 대한 식품안전 문제도 마찬가지다. 그러나 국회가 이런 국민의 요구를 한중 FTA에 반영할 길이 없다.

중국 기업에 한국의 공공정책에 대해 국제 중재에 회부할 권리를 주는 독소조항도 마찬가지다. 한중 FTA는 더 퇴보해 국제 중재에 시민이 참여할 제도조차 없다. 론스타라는 사기업에 의해 일국의 금융정책이 국제 중재에 회부당해, 소송비용으로 올해까지 219억 5,200만 원을 쓰고 있는데도 이렇다. 한중 FTA는 재협상해야 한다.

— 한겨레 2015. 3. 25.

日 수산물
방사능 오염 보고서,
왜 숨기나?

　'민주사회를 위한 변호사 모임'(민변)은 일본 수산물 방사능 검역 조사 보고서를 공개하라는 소송을 하고 있다. 그런데 소송 상대방은 일본 정부가 아니라 한국 정부이다.

　알다시피 한국은 2013년 9월 6일부터 일본의 후쿠시마 현, 이바라키 현 등 8개 도도부현都道府縣(광역자치단체) 전체 농수산물의 수입을 전면 금지했다. 즉, 방사능이 실제로 검출되는 것과 무관하게 금지했다. 이것은 한국의 검역 주권이다. 식품위생법에서도 이러한 긴급 대응 방안 근거 규정을 마련했다. 그리고 세계무역기구WTO 위생 검역 협정에서도 회원국의 주권으로 잠정 조치를 인정했다.

　위의 수입 금지는 어디까지나 임시 조치이다. 긴급히 먼저 임시 조치를 한 후에 그 조치의 과학적 근거를 수집하여 최종적 결정을 내려야 한다.

그래서 정부는 2014년에 '일본 방사능 안전 관리 민간전문가위원회'라는 기구를 만들었다. 위원장은 한양대학교 원자력공학과 이재기 교수이다. 이 위원회는 국가 예산을 사용하여 2014년 12월과 이듬해 1월과 2월, 모두 세 차례 일본 후쿠시마와 홋카이도 등에서 현지 조사를 했다. 그 목적은? 일본산 수산물 수입 금지 조치의 과학적 근거를 수집하기 위해서이다.

과연 위원회는 무엇을 조사했고 어떠한 결론을 냈을까? 아무도 모른다. 국민의 세금을 사용하여 일본 현지 조사를 했는데도, 정부는 그 보고서를 감추고 있다. 그래서 민변은 급기야 공개 소송을 하고 있다.

민변은 정부 입장을 고려해서 보고서 전문을 공개하라고 요청하지도 않았다. 그저 일본 현지 조사 지역의 해수(표층수와 심층수) 및 해저 퇴적물의 방사능 오염 정도에 관한 조사 결과 부분만 공개하라고 했다. 그런데도 정부는 공개하지 않는다.

정부의 공식 답변은 민간 위원회가 보고서를 아직 정부에 제출하지 않은 상태라는 것이다. 그러니까 세금으로 비행기 표를 끊고 숙박비를 주어 가며 일본으로 보낸 지 반 년이 넘도록 보고서조차 받지 못했다는 것이다.

과연 누가 정부의 답변을 믿겠는가? 만일 정부의 답변이 사실이라면 민간 위원회가 국민의 세금을 쓰고도 제대로 보고서를 만들지 않게 내버려 둔 정부 책임이 크다.

더 큰 문제는 보고서를 받지 못했다는 것 자체가 세계무역기구 위생 검역 협정 위반 소지가 있다는 점이다. 잠정 조치를 한 후에 세계무역기구 회원국은 필요한 추가 정보를 수집하도록 노력하며, 합리적인 기간 내에 잠정 조치를 재검토해야 할 의무가 있다. 그런데도 아직 보고서조차 받지 못했다니 어찌된 일인가?

광복 70주년에 묻는다. 일본산 수산물 방사능 오염 보고서는 어디에 있는가? 중국은 후쿠시마, 군마 등, 한국보다 더 많은 10개 도현의 모든 식품에 대하여 수입을 금지하고 있다. 러시아는 후쿠시마, 아오모리 현 등 8개 현 242개 수산품·수산가공시설 생산제품에 대하여 수입을 중지하고 있다.

정부가 지금 해야 할 일은 신속히 보고서를 공개하는 것이다. 보고서의 내용에 대해 건전하고 합리적 여론이 조성되는 출발이다. 보고서 결과가 정부에게 불리한 부분이 있더라도 공개해야 한다. 그것이 개방 시대의 정부의 책임이다.

민간 위원회가 일본의 해수와 해저 퇴적물 등에 대해 제대로 조사를 한 결과 방사능 오염에서 안전하다는 결론이 나왔다면 수입 금지를 해제하겠다고 국민에게 말해야 한다. 국민은 어떻게 조사가 제대로 되었는지 알 권리가 있다. 거듭 보고서 공개를 요구한다.

— 프레시안 2015. 7. 28.

법치주의의 퇴보를
우려한다

스가 일본 관방장관은 20일 기자 회견에서 한국 정부를 비판하면서 '보도와 표현의 자유'를 언급했다. 그는 안중근 의사를 테러리스트라고 비난했던 일본인이다. 그런 사람에게 왜 한국이 보도와 표현의 자유를 보장하라는 훈계를 들어야 하는가?

가토 전 『산케이신문』 서울 지국장을 박근혜 대통령의 명예를 훼손하였다고 기소하였기 때문이다. 검찰은 20일, 가토에게 1년 6개월의 징역형을 구형했다. 가토에게 유죄가 선고되든 무죄가 선고되든, 이미 이 사건은 아시아에서 한국의 언론 억압을 상징한다.

한국은 1980년대의 민주화와 평화적 정권 교체를 통해 아시아에서 일본을 뛰어넘을 수 있는 법치 국가 모델로 주목을 받았다.

　내가 한국을 방문한 중국의 판사, 당 간부 등에게 한국의 공공기관 정보공개법을 설명하였을 때, 중국의 엘리트들은 실제로 정보가 어디까지 공개되는지 실태를 끈질기게 질문했다. 중국이 2007년에 만든 정보공개 조례에는 한국의 경험이 들어 있다.

　북한은 어떠한가? 개성공단의 초대 법무팀장이었던 김광길 변호사의 경험을 보면, 개성공단은 단지 생산 공장만이 아니었다. 북한이 남한의 법치주의를 관찰하고 실험하는 공간이었다. 북한의 최고인민회의 상임위원회가 만든 16개의 개성공단 규정은 남과 북의 법률가들이 남의 법치주의를 자료 삼아 공동 작업한 것이다. 북한이 나진 선봉 경제특구법에서 행정소송을, 부동산관리법에 토지 건물 등록 대장을 도입한 것은 개성공단의 소산이다.

　그러나 지금 한국은 아시아 법치의 한계로 전락했다. 2014년에 한국이 중국인 유학생을 국가보안법 위반으로 중국으로 추방한 사건이 발생하자, 중국 관영 통신은 이를 상세히 보도했다. 한국도 이렇게 사상 통제를 하고 있다면서 자신들의 사상 통제를 정당화했다.

　일본도 마찬가지다. 스가 장관의 위 발언뿐만 아니라 야마구치 공명당 당수 등 일본 지도부들은 가토 지국장에 대한 기소를 '표현의 자유와 보도의 자유를 침해하는 한국'과 동일시하고 있다.

한국의 법치주의는 지금 중국 법치주의 단계로 후퇴하고 있다. 박근혜 정부가 역사교과서 국정화를 교육부 장관의 행정예고 절차를 통해 강행하는 것은 법치가 아니다. 형식적으로는 법이 교육부 장관에게 위임한 것이지만, 일개 관료의 '고시'로 역사에 대한 학자와 시민의 다양한 견해와 관점을 차단하고 유일 사관을 주입하겠다는 것은 법의 지배에 위반된다.

아무리 대중의 물질생활 개선과 부국강병의 겉옷을 껴입더라도, 인간 해방의 핵심적 자유인 사상의 자유, 학문의 자유, 표현의 자유를 보장하지 않고는 법치주의라 할 수 없다.

한국은 아시아 법치주의 경쟁에서 일본에게 뒤지고 있고, 중국과 동급이 될 위험에 처해 있다. 일본 정부는 지난 5일 환태평양 동반자 협정TPP에 대한 공식적 설명 자료를 발표하면서 이를 '자유, 민주주의, 기본적 인권, 법의 지배라는 보편적 가치를 공유하는 협정'이라고 명명했다. 이 표현은 아시아 법치주의의 대표자로서 일본을 자리매김하겠다는 선언이다.

지금 법치주의를 옹호할 시민 행동이 필요하다. 그리고 법에는 어쨌든 길이 있다. 행정절차법은 국정 교과서와 같은 고시 예고에 대해 시민이 의견을 제출할 공법적 권리를 모든 시민에게 주었다. 그리고 교육부 장관은 시민이 제출한 의견을 "특별한 사유가 없으면 이를 존중하여 처리하여야 한다."(제44조 제3항)

교육부 장관은 "국민에게 미리 알려 의견을 듣고자" 한다면서 10월 12일에 국정 교과서 행정 예고를 했다. 그러니 이제 시민들이 의견을 제출할 차례이다.

　　어떻게? 11월 2일까지 번호 044-203-7009로 팩스를 보내거나 '세종특별자치시 갈매로 408 정부세종청사 14동 교육부 역사교육지원팀, 339-012'로 편지를 보내자. 중학교 역사와 고교 한국사를 국정 교과서로 구분한 '중·고등학교 교과용 도서 국·검·인정 구분(안)' 행정예고에 대한 찬반 의견과 그 이유를 써서 보내면 된다.

― 프레시안 2015. 10. 21.

남북 특수 관계,
국제 규범으로 만들어야

　일본 나카타니 방위상은 20일 한일 국방장관 회담에서 한국의 영역에서 자위대가 작전을 할 경우 국제법에 따라 한국 정부의 동의를 받을 것이라고 말했다. 당연하다.

　문제는 일본 방위상의 그 다음 발언이다. 일본『지지통신』과『마이니치신문』보도에 의하면 그는 회담에서 "한국의 유효한 지배가 미치는 지역은 휴전선 이남"이라고 한국 국방장관에게 말했다. 자위대가 휴전선 이북에서 작전을 할 경우에는 한국 정부의 동의가 필요하지 않다는 의미이다. 이 발언은 매우 심각하다. 한반도 영역을 근거로 한 한민족 공동체의 자기 결정권을 인정하지 않는 일본의 야욕을 드러낸다.

　그러나 일본은 치밀하게 국제법 논리를 준비하는 반면, 한국의 대응은 감정적이고 미국 의존적이다. 일본은 유엔 회원국인 '조선'은 휴전선 이북에 위치한 국가라는 국제법적 근거를 들고 있다. 한반도를 대한민국의 영토라고 규정한 한국 헌법은 그 자체만으로는 국제법의 효력을 갖지 않는다.

그러나 남북 관계는 단순히 국제법상의 나라와 나라 사이의 관계가 아니다. 남과 북은 남북 관계를 "나라와 나라 사이의 관계가 아니라 통일을 지향하는 과정에서 잠정적으로 형성되는 특수 관계"로 스스로 규정하였다.(1992년 남북 사이의 화해와 불가침 및 교류 협력 기본 합의서) 그리고 이는 한국의 법률에 그대로 반복되어 규정되었다.(2005년 남북관계발전법 3조)

한국의 국제법적 과제는 남북 관계가 "통일 지향 특수 관계"라는 민족적 규범을 국제 규범화하는 것이다. 그 예가 구舊 서독과 동독의 관계이다. 구 서독은 1951년 가트GATT에 가입하면서 동·서독 간의 무역거래를 민족 내부 간 특수 관계로 한다는 가트 규정을 만들었다.

한국의 경우는 어떠한가? 한국의 국내법에는 남북한 간의 거래는 민족 내부 거래로서, 협정에 따른 국가 간의 거래로 보지 아니한다고 되어 있다. 그러나 한국이 체결한 그 어떠한 국제 협정도 이를 국제 규범으로 담지 않았다.

보다 정확히 말하면 한국은 남북 특수 관계를 국제 규범으로 만들려고 노력하지 않았다. 1994년에 체결한 세계무역기구WTO뿐 아니라, 2011년에 체결한 한미 자유무역협정FTA에서도, 올해 서명한 한중 FTA에서도 그렇다.

박근혜 정부가 국회 비준을 강력히 요구하는 한중 FTA 그 어디에도 남북 거래의 특수 관계 규정은 없다. 대신 북한을 'an area outside the territories'(영역 밖의 지역)으로 규정한다.(3.3조) 그리고 한국의 영역 조항(1.5조)에서도 한국이 주권을 행사하는('exercises') 육지, 해양, 상공 등을 한국 영토로 규정하고 있다. 즉 일본의 주장처럼 한국이 실효적으로 지배하는 이남 지역만 한국의 영역이다.

이처럼 한국은 북한과 경계를 공유하는 두 나라 사이의 FTA 인 한중 FTA에서조차 남북 특수 관계를 국제 규범화하지 않았다.

왜 그럴까? 한국이 휴전선 이북 지역과의 관계 문제를 국제 규범이 아니라 철저히 미국에 의존해서 해결하기 때문이다. 한국이 의지하는 것은 국제법이 아니다. "한국의 동의 없이 자위대의 한반도 활동은 안 된다"는 미국 성김 부차관보의 지난 21일자 말 한마디에 더 의존한다. 한중 FTA 영역 조항조차 한미 FTA 영역 조항을 그대로 빼다 박았다.

한국의 집권당과 제1야당은 일본 나카타니 방위상의 발언을 '망언'이니 '오만하다'느니 비난한다. 그러나 감정적 대응은 소용없다. 그리고 일본 방위상의 발언은 '허튼 소리'가 아니다.

일본에 치밀하게 대응해야 한다. 그 하나로 한국 법에서 정한 남북 특수 관계를 국제 규범으로 만들어야 한다. 한중 FTA 는 가장 좋은 기회이다. 북한과 경계를 맞대고 있는 두 나라 사이의 FTA는 한중 FTA밖에 없다. 여기에 "남북 거래는 나라와 나라 사이의 거래가 아닌 민족 통일 지향 특수 관계이므로 무 관세로 거래하는 것에 동의한다"는 핵심 조항을 두어야 한다. 도대체 언제까지 국제법이 아닌 미국의 마음에 의존해서 일본 에 대응할 것인가?

— 프레시안 2015. 10. 26.

日 수산물
방사능 검역 분쟁,
포기할 셈인가?

　한국은 2013년 9월 일본 후쿠시마 주위 8개 현의 수산물 수입을 금지했다. 후쿠시마의 방사능 오염수가 바다에 방출되었기 때문이다.

　정부는 이를 '일본산 수산물 임시 특별 조치'라고 부른다. 왜 정부 스스로 '임시 조치'라고 부를까? 정부가 세계무역기구 WTO의 위생 검역 협정 5조 7항의 잠정 조치 조항을 적용했기 때문이다.

　이 조항은 과학적 증거가 충분하지 않은 경우 잠정적으로 검역 조치를 할 수 있도록 했다. 단, 조건이 있다. 합리적인 기간 안에 이 조치를 재검토review해야만 한다. 게다가 환태평양 동반자 협정TPP 안은 6개월 안에 재검토하라고 못 박았다.(7.14조 긴급 조치 조항)

그래서 한국은 작년 9월에 '일본 방사능 안전 관리 민간 전문가 위원회'(위원장 이재기 교수)를 만들고, 작년 12월부터 올해 2월까지 모두 세 차례 후쿠시마 등에서 일본 방사능 검역 실태 현지 조사를 했다.

한국의 재검토 결과는 무엇인가? 지금 국민과 세계가 그 결과를 주목하고 있다. 과장이 아니다. 일본이 올해 5월 WTO 분쟁 처리 기관에 한국의 임시 조치가 WTO 협정 위반이라고 제소 절차를 시작하였고(사건번호 DS 495), 미국, 대만(타이완), 중국, 유럽연합, 러시아, 인도 등 세계 주요 9개 나라가 분쟁 참가를 신청했다.

놀랍게도 한국은 재검토 결과인 보고서를 공개하지 않았다. 결국 '민주사회를 위한 변호사 모임'은 보고서 공개를 요구하는 소송까지 해야 했다.

이 소송에서 한국 정부가 일본의 요청에 따라 일본 해양 심층수와 해저토 시료 채취를 포기한 사실이 드러났다.(법원에 제출된 이재기 위원장의 증인 진술서 내용) 그렇지만 올해 1월 7일에 열린 제5차 전문가 위원회 회의록에는 "해수 및 해저 퇴적물 시료 채취에 대해서는 현지 조사와 별도로 계속 추진이 필요함"이라고 되어 있다.

또한 핵심 쟁점인 방사능 오염수 계속 방출에 대해서도 위 제5차 회의에서부터 2월 25일의 제8차 회의에 이르도록 계속해서 '방사능 오염수 지속 방출 문제'가 재검토 위원회 회의록에 포함되었다가 3월 18일의 9차 회의부터 6월 5일의 마지막 13차 회의에 이르도록 제외되었다.(회의록 내용 참고)

더욱 심각한 것은 재검토 위원회 활동마저 중단했다는 사실이다. 중단 이유는? 일본이 WTO에 제소했기 때문이라고 되어 있다. 도대체 어떠한 상황인가? 일본이 제소한 핵심 사유가 '투명성 조항 위반'과 '한국이 합리적 기간 안에 재검토도 하지 않았다'는 것이다.(일본의 2015년 6월 1일자 WTO 제출 문서)

그런데 이런 이유로 제소를 당한 한국이 재검토 결과도 공개하지 않고 재검토 위원회 활동조차 중단했다. 정부가 별도의 검토 조직을 따로 만들지 않았다면, 재검토 결과를 담은 보고서 하나 없이 한국은 국제 분쟁에서 일본과 싸워야 한다. 만일 그렇다면 패소를 작정한 것과 다르지 않다.

이러면 안 된다. 국제법에 따라 재검토위원회 활동을 재개해야 한다. 일본 해양 심층수와 해저토 시료를 채취하고, 방사능 오염수 지속 방출 실태에 대한 조사를 진행해서 한국 조치의 과학적 근거를 확보해야 한다. 국민이 믿을 만한 재검토 보고서를 만들어야 한다. 이것이 WTO 체제에 한국의 법치주의가 국민에게 봉사할 최소한의 역할이다.

— 프레시안 2015. 11. 12.

중국은
한중 FTA를
변칙처리해서는 안 된다

　박 대통령은 국회가 한중 자유무역협정FTA 비준 동의안을 "반드시 30일이라도 처리해야 한다"고 단호하게 말했다. 입법권을 가진 국회에게 처리 시한까지 '교시'하는 것은 대한민국 헌법의 민주적 기본질서에 맞지 않다. 특히 아시아 법치 모델 국가라는 한국의 중대한 국가적 비전을 손상하는 일이다.

　중국 모델과 미국 모델이 첨예하게 부딪히는 지점에 선 한국의 국가 전략은 무엇인가? 나는 아시아 법치 모델국가가 정답이라고 생각한다. 아시아의 민주적 법치를 선도하여 한국이 아시아의 매력 국가가 되는 것이 중국과 미국 사이에서 길을 잃지 않을 방도이다.

　그러나 박 대통령의 한중 FTA에 대한 인식은 그러한 고민이 없다. 데드라인의 논리는 올해가 가기 전에 한중 FTA를 발효시켜 중국의 관세를 낮추고(1차 인하), 내년 1월 1일에 다시 열른 2차년도 인하를 시키자는 것이 전부이다.

이 논리는 중국산 제품에 매기는 한국 관세가 없어지는 '동전의 다른 면'을 외면한 것일 뿐 아니라, 심각한 법치주의적 흠결이 있다.

모두 알다시피 중국은 아직 한중 FTA 발효 절차를 끝내지 않았다. 한중 FTA가 발효되려면 한국과 중국 두 나라가 모두 국내 절차를 마무리해야 한다.

한국의 국내 절차를 보면, 한국은 FTA 협정문을 통째로 국회에 보내어 비준 동의를 받는 방식으로 국내 절차를 밟는다. FTA 협정문 전부를 헌법상의 국회 동의가 필요한 '조약'으로 대우해 준다. 그러니 국회의 동의를 받아 FTA를 비준하면 FTA 협정문 자체가 '국내법'과 같은 지위를 갖는다.(헌법 6조)

그렇다면 중국은 어떤가? 중화인민공화국 헌법에는 전국인민대표대회 상무위원회가 "다른 나라와 맺은 조약과 중요한 협정의 비준 또는 폐기를 결정한다"고 되어 있다.(67조 14호 중국어 원문은 "决定同外国缔结的条约和重要协定的批准和废除"이고 위 한글 번역은 대한민국 국회도서관 발간『세계의 헌법』을 인용)

그러니까 중국이 한중 FTA를 처리하기 위한 전인대 상무위원회를 열고, 한중 FTA 비준을 결정하지 않는 한, 아무리 한국이 박 대통령의 데드라인에 맞추어 통과시켜도 한중 FTA는 발효되지 않는다. 현재 전인대 상무위원은 장더장 위원장을 포함

중국 모델과 미국 모델이 첨예하게 부딪히는
지점에 선 한국의 국가 전략은 무엇인가?
나는 아시아 법치 모델국가가 정답이라고 생각한다.
아시아의 민주적 법치를 선도하여 한국이
아시아의 매력 국가가 되는 것이
중국과 미국 사이에서 길을 잃지 않을 방도이다.

하여 175명이다. 그리고 상무위원회를 소집하기 위하여서는 7
일 전에 소집통지를 해야 한다. 현재 중국이 한중 FTA를 처리
하기 위한 전인대 상무위 소집을 통지했다는 소식은 한국 정부
도 가지고 있지 않다.

그러므로 박 대통령이 말하는 이른바 '한중 FTA 데드라인'
이라는 것은 딱 하나의 경우를 제외하면 실체가 전혀 없다. 그
것은 무엇인가? 중국이 한중 FTA를 중국 헌법상의 조약이나
중요 협정으로 취급하지 않는 경우이다.

산업통상자원부 담당자들의 이야기를 종합하면, 중국은 한
중 FTA의 발효를 국무원(정부)의 승인으로 마무리한다는 것이
다. 그러나 중국 헌법상 중국 국무원은 조약을 맺을 권한이 있
을 뿐이다.(89조 9호, "管理对外事务, 同外国缔结条约和协定", 국회
번역에 따르면 "대외사무를 관리하며 다른 나라와 조약 및 협정을 맺는
다.")

한국은 한중 FTA를 중국 헌법상의 조약이나 주요 협정으로
처리하라고 중국에게 요구해야 한다. 만일 한국이 이를 포기했
다면 이는 한국 법치주의의 심각한 좌절이다.

한국은 중국에게 한중 FTA를 중국 헌법에 따라 처리하라고
요구해야 한다. 그리고 정부는 국회에 최소한 중국도 한중 FTA
를 처리하기 위한 전인대 상무위원의 소집 통지를 한 상태인지
알려 주어야 한다.

만일 중국은 한중 FTA를 헌법상 조약으로 취급하지 않기로

했다면, 그 따위 문서를 한국은 헌법상 조약으로 대우하기 위하여 대통령까지 나서서 데드라인을 교시해서는 안 된다. 그래야 한국 법치주의는, 모델까지는 아니라도 최소한 중국인의 조롱거리가 되지 않을 것이다.

— 프레시안 2015. 11. 29.

'위안부' 할머니의 권리는
확약 대상이 아니다

　　1월 4일 일본 외무성 기자 회견에서 기시다 후미오 외무성 대신은 위안부 합의를 한국 정부의 '확약'이라고 불렀다. 그는 『아사히신문』 아베安倍 기자가 "최종적 불가역적인 합의라는 대단히 역사적인 의미를 갖는 중요한 합의를 했음에도 왜 공동의 합의 문서라는 형태를 남기지 않았느냐"고 질의하자 이렇게 답변했다.

"이번, 한일 양국 정부의 합의에 의해서 위안부 문제가 최종적이고 비가역적으로 해결되었습니다. 이 점은 제가 윤병세 장관과 서로 무릎을 맞대고 협의하고 직접, 한국 정부로서의 확약을 받아낸 것입니다. 또, 그것을 윤 장관은 공동 기자 회견에서 양국 국민과 국제 사회의 눈 앞에서, 텔레비전 카메라 앞에서 강하게 명언하였습니다. 게다가, 이는 양국 정상 간에 확인된 합

의라는 점도 강조하고 싶습니다. 한국 정부의 명확하고 충분한 확약(明確かつ 十分な確約)을 받아 낸 것입니다."

이에 대해 일본 『산케이신문』은 기시다 장관의 발언은 일본이 한국과의 합의를 '국제 공약公約'으로 보고 있음을 의미한다고 보도했다. 그리고 이를 받아 한국의 『미디어오늘』은 『산케이신문』을 인용하면서, 기시다 장관이 한국과의 합의를 '국제 협정'으로 보고 있다고 썼다.

그러나 국제법상 기시다 일본 장관의 생각은 틀렸다. 확약은 '자기 구속적 약속'인데, 국제법상 위안부 피해 할머니의 권리는 한국 정부가 일본에게 확약할 수 있는 대상에 해당하지 않는다. 확약은 성립할 수도 없으며, 성립하지 않았다.

1998년 8월 12일 공표된 유엔 인권소위 보고서(맥두걸의 보고서)는, 일본군 위안부를 강요한 행위를 '인도에 반하는 범죄'로 규정했다. 2005년 유엔 창설 60주년을 기념하여 세계 정상 회담으로 개최된 유엔 총회의 결의는 인도에 반하는 범죄로부터 시민을 보호할 책임이 국제 공동체에 있음을 천명하였다. 이는 유엔 안보리 결의 제1674호에 의해 재확인되었다.

2007년 7월 미국 하원이 채택한 일본군 위안부 결의안도 일본군 위안부를 "일본 정부에 의한 강제 군대 매춘제도이자 잔학성과 규모면에서 20세기 최대의 인신매매 범죄"로 규정하였

다.(헌법재판소 판결문에서 인용)

　유엔 인권위원회는 2008년 10월 30일 일본 정부에 대해 일본군 위안부 문제의 법적 책임을 인정하고 피해자 다수가 수용할 수 있는 형태로 사죄할 것을 권고했다. 즉 위안부 피해 할머니들의 권리는 국제 공동체가 보호해야 할 책임이 있으며, 한국이 일본에게 이를 처분하거나 방기할 아무런 권한이 없다. 그리고 이는 일본이 잘 알고 있다.

　이미 일본은 1993년 8월 4일에 일본군 및 관헌의 관여와 징집·사역에서의 강제를 인정하였다. 그리고 문제의 본질이 중대한 인권 침해였음을 사죄하였다.(고노 담화) 이처럼 일본은 한국 정부가 확약할 수 없는 것임을 잘 알고 있었다.

　또한 국제법상 확약이라는 것은 텔레비전 카메라 앞에서 천명한 것으로 성립하지 않는다. 기본적으로 문서 형태로 교부해야 한다. 그러므로 국제법적으로 기시다 장관의 생각은 틀렸다.

　한국의 헌법재판소가 2008년에 선언한 대로 위안부 피해 할머니의 권리는 무자비하게 지속적으로 침해된 인간으로서의 존엄과 가치 및 신체의 자유를 사후적으로 회복한다는 의미를 가진다. 이러한 권리를 한국 정부의 그 누구도 처분하거나 방기하거나 포기할 수 없다. 헌법재판소의 판결을 그대로 인용하면 "그 청구권의 실현을 가로막는 것은 근원적인 인간으로서의 존엄과 가치의 침해와 직접 관련이 있다."

그런데 왜 일본 정부는 '명확하고 충분한 확약'이라고 공언하는가? 물론 일본 정부의 일방적 주장일 수 있다. 그러므로 더욱 박근혜 정부는 밝혀야 한다. 일본 정부에게 어떤 문서 형태로 확약을 한 것이 없음을 밝혀야 한다. 더 이상 침묵하지 말아야 한다. 일본 정부를 향해 확약이 아니라고 말해야 한다.

— 프레시안 2016. 1. 6.

'국가 범죄 부인'
아베 발언은
국제법 위반

　　박근혜 대통령은 2015년 12월 28일 오후 5시 48분부터 약 15분간, 아베 일본 총리와 한일 전화 정상회담을 하였다. 두 나라 외교장관들이 공동 기자 발표문을 낭독한 후였다.

　　이 전화 회담에서 주목할 내용이 있다. 아베 총리가 박 대통령에게 "위안부 문제를 포함하여 한일 간 재산·청구권 문제는 1965년의 한일 청구권·경제협력 협정으로 최종적이고 완전하게最終的かつ完全に 해결되었다는 일본의 입장은 변함이 없다"고 말했다는 점이다.

　　아베의 전화 발언은 작년 12월 28일 한일 외교장관이 일본군 위안부 피해자 문제에 대한 최종적이고 불가역적인 해결을 선언한 것이 일본의 법적 책임을 인정한 것이 아님을 거듭 재확인한 것이다.

아베는 새해에도 18일 일본 참의원에서 일본군 위안부 피해자 문제를 '성노예'라고 부르는 것은 정확하지 않은 비방 중상이라고 강변했다. 그러면서 일본이 지난달 28일의 한일 외교장관 공동 발표문에서 인정한 "일본군의 관여"는 "위생 관리도 포함해서 관리, 설치에 관여했다"라는 의미라고 답변했다. 그리고 일본이 전쟁 범죄를 저지른 것을 인정한 것이 아니라고 발언했다.

결국 작년 12월 28일의 한일 외교장관 공동 발표문에도 불구하고 일본의 입장은 하나도 달라진 것이 없다. 그렇다면, 무엇이 도대체 일본군 위안부 성노예 문제에 대한 최종적이고 불가역적인 해결인가? 아무것도 해결되지 않았다.

무엇보다도 일본의 국가 책임을 부인하는 아베의 발언은 국제법 위반이다. 2005년 유엔 총회 결의(국제인도법 위반 피해자의 구제 및 배상에 관한 결의)는 가해국에게 책임 인정과 진상 조사, 그리고 역사 교육을 할 것을 규정했다.

일본군 위안부 성노예 문제는 1990년대부터 최근까지 유엔 인권이사회UNHRC, 유엔자유권위원회UNHRC, 여성차별철폐위원회CEDAW 등 여러 기관에서 일본 정부에게 국제 인권 규범에 입각하여 사실 인정에 기반하여 진상 규명, 재발 방지(역사 교육, 추모 사업 등) 등의 조치를 하라고 거듭 권고했다. 가장 최근의 2014년 제12차 일본군 '위안부' 문제 해결을 위한 아시아연대회의에서도 마찬가지이다.

2001년 유엔국제법위원회ILC가 채택하고 유엔 총회가 결의한, 국가 책임의 일반 원칙인 국가책임법 초안에서는 국가 기관이나 공무원이 직접적으로 정부 권한을 행사하거나 사실상 대행 또는 제3자가 국가 기관의 지시 또는 통제에 따라 행동하는 경우에도 그러한 행위는 국가의 책임으로 규정한다.

일본군 사령부는 위안소 설치를 결정하였다. 그리고 위안부를 징집하기 위해 조선군 사령부와 조선총독부 등 식민지 통치 조직을 가동하였다. 위안부의 연행과 위안소에서의 성폭력은 일본국의 국가 범죄이자 불법 행위로서 일본에게 국가 책임이 성립한다.

아베의 발언은 국제법에 어긋난다. 그런 아베의 발언을 작년 12월 28일 직접 듣고, 박 대통령은 무어라고 대답했나?

한국의 대법원은 2012년에 일본의 국가권력이 관여한 반인도적 불법 행위나 식민 지배와 직결된 불법 행위로 인한 손해 배상 청구권은 청구권 협정의 적용 대상에 포함되지 않는다고 판결했다. 일본의 국가 책임이 남아 있다고 인정한 것이다. 그리고 헌법재판소도 2011년에 일본군 '위안부' 문제를 일본국에 의하여 광범위하게 자행된 반인도적 범죄 행위로 보고 이 문제가 1965년 청구권 협정에서 논의되지 않았다고 결정했다.

박 대통령은 아베의 발언을 듣고 무어라고 대답했나? 대통령에게는 헌법을 준수할 책임이 있다.

— 프레시안 2016. 1. 19.

소녀상을 지키는
청년들

그날은 지난해 12월 28일이었다. 한일 외교장관이 위안부 전시 성노예 문제를 '최종적이며 불가역적'으로 해결했다고 공동 발표했다. 그로부터 채 한 달이 지나지 않은 이달 21일, 서울 종로경찰서는 평화의 소녀상을 지킨 6명의 청년들을 '피의자' 신분으로 조사했다. 이미 세 차례나 출석요구서를 보내 압박했다. 경찰이 조사하겠다는 청년들의 죄는 무엇인가? 한일 공동 발표에 항의하는 기자회견에서 사회를 보았거나, 구호를 외쳤거나, 문화제에서 노래를 가르치고 발언을 했다는 것이다. 100명 참가 예상 집회신고를 했는데 실제 500명이 참석했다는 것도 있다.

그 또래의 자식을 키우는 부모의 한 사람으로서 참담하다. 집으로 연거푸 날아오는 출석요구서와 자식이 경찰서에 들어가 조사를 받는 모습을 보는 부모의 심정은 어떠했을까? 형사소송법에 비추어, 이 청년들에 대한 수사는 부당하다. 수사는 아무 때나 할 수 있는 것이 아니다. 충분한 구체적 사실이 있어 목적을 달성할 필요성이 있어야 개시할 수 있다. 청년들이 진행한 기자회견과 문화제는 내용과 형식 모두 평화적이었다. 언론과 표현의 자유를 행사한 것이다. 수사 대상이 아니다.

법원에서 문제 삼았던 다른 사건의 기자회견은 마이크와 스피커를 여러 개 동원하고 기자회견 후에 바로 행진에 들어가 실제로는 집회로 볼 수도 있는 것들이었다. 그러나 소녀상 청년들의 기자회견은 이와 다르다. 게다가 법원은 평화적 시위에 대해서도 해산명령 불응죄가 성립하지 않는다고 여러 차례 판결했다. 그런데도 경찰은 청년들의 기자회견에 대해서조차 해산명령 불응죄를 적용해 수사 중이다. 소녀상 청년들 수사는 필요성 요건을 갖추지 못했다. 중단해야 한다. 수사를 종결해야 한다. 그들이 폭력을 행사하거나 공공질서를 위협할 때 비로소 형사소송법대로 수사해도 늦지 않다.

정부의 상대는 청년들이 아니다. 일본이다. 위안부 전시 성노예 문제는 국제인권법이 정한 인도주의에 반한 범죄다. 1998년의 유엔 인권소위 보고서를 비롯해 유엔의 여러 보고서가 사실 인정에 기반한 진상 규명과 역사 교육, 추모 사업 등의 조치를 일본에 권고했다. 그런데도 아베 일본 총리는 지난 18일 일본 참의원에서, 한일 외교장관 발표문이 일본이 전쟁 범죄를 저지른 것을 인정한 것이 아니라고 답변했다. 게다가 그는 일본군 위안부 피해자를 '성노예'라고 부르는 것은 일본을 비방하고 중상하는 것이라고 강변했다.

아베의 발언은 국제인권법 위반이다. 2005년 국제인도법 위반 피해자 배상 유엔 총회 결의는 가해국에 책임 인정과 진상 조사 의무를 부과했다. 2001년 유엔국제법위원회가 채택한 '국가책임법 초안'에서도 마찬가지이다. 사실을 인정하고 책임을 지는 것이 가해국의 기본적 의무이다. 한일 공동 발표에서 일본 정부의 재단 법인 출연은 국제법상 배상이 아니다. 일본이 법적 책임을 인정하지 않은 상태에서는 일본이 국가 예산을 한국 설립 재단에 출연한다고 해서 이를 배상으로 볼 수 없다. 헌법재판소도 위안부 성노예 피해자의 권리는 국민기금이나 기타 인도주의 차원에서 지급되는 지원금과 근본적으로 다르다고 판결했다.

지금 한국이 할 일은 일본에 국제인권법에 따른 사실 인정 없이는 그 어떠한 해결도 불가능하다는 명확한 입장을 전달하는 것이다. 일본에 조선총독부 자료의 완전한 공개 등 진상 규명 협력을 요구해야 한다. 국제인권법에 반하는 타협을 일본과 할 권한은 정부에 없다. 헌법재판소는 위안부 피해자의 권리 실현은 인간으로서의 존엄과 가치를 회복하는 것이며, 그 온전한 실현을 가로막는 것은 인간으로서의 근원적 존엄과 가치를 거듭 침해한다고 선언했다. 피해자의 권리는 정부가 일본에 최종적이고 불가역적으로 해결되었다고 약속할 대상이 아니다. 정부에게는 처분하거나 방기할 권한이 없다. 정부의 상대는 소녀상을 지키는 청년들이 아니라 일본이다.

— 경향신문 2016. 1. 25.

일본에
검역주권조차
양보할 것인가?

황교안 대통령 권한대행 체제는 국민의 생명과 안전을 잘 지키고 있는가? 황 권한대행은 지난 25일 "올해도 국민생활과 밀접한 생활안전·시설안전·산업안전 등 3대 분야에 역점을 두고 안전대책을 추진하겠다"면서 입만 열면 국민의 생명과 안전을 외치고 있다. 그러나 일본산 수산물 방사능 위험 현지 조사 보고서조차 아직 완성하지 않은 상황을 보면, 황 권한대행의 국정운영은 박근혜 대통령 체제와 마찬가지로 염려가 앞선다.

벌써 3년 전인 2014년부터, 정부는 세 차례나 공무원과 과학자들을 일본에 보내 일본산 수산물 방사능 위험 현지 조사를 했다. 조사 결과를 국민에게 공개하겠다고 공언했음은 물론이다.

이 조사는 단순한 것이 아니다. 한국의 국제법적 권리이자 의무였다. 한국이 2013년 9월 6일, 일본 8개 지역산 수산물의 수입을 금지한 조치는 국제법상으로 임시조치였다. 한국은 이 조치를 계속할 수 있지만 거기에는 과학적 검토 절차가 반드시 필요했다.

현지 조사에서 일본이 여전히 방사능 오염수를 통제하지 못하여 바다를 오염시키고 있고, 후쿠시마 해저토와 심층수의 방사능 오염 정도가 안전성을 보장하지 못하는 것으로 나타난다면 한국은 임시 조치를 지속하는 결정을 할 수 있다. 물론 반대로 일본이 방사능 오염수를 잘 통제하고 바다가 안전하다면 한국은 임시 조치를 중단해야 한다. 일본 현지 조사 결과가 어떻게 나오느냐가 결정적으로 중요했다. 정부는 마땅히 일본산 수산물이 방사능으로부터 안전한지에 대해 결론을 내고, 그 이유를 소상하게 우리 국민과 일본에 설명해야 했다.

그러나 2017년 새해가 되었지만, 박근혜 대통령과 황교안 권한대행의 정부는 여태껏 현지 조사 결과 보고서조차 완성하지 못했다. 그리하여 일본산 수산물 방사능 검역이 큰 위기에 처했다.

현지 조사를 담당한 전문가위원회가 애초 현지 조사에서 계획했던 후쿠시마 심층수와 해저토 조사를 포기한 사실은 뒤늦게 법정에서 드러났다. 조사를 담당하던 전문가위원회는 2015년 6월 5일 13차 회의를 끝으로 활동을 중단해 버렸다. 그

외교는 헌법의 무덤이 아니다. 외교일수록
헌법을 지켜야 한다. 그래야 국제 사회가
한국의 민주주의를 존중한다.
외교·통상·안보라는 유혹에 빠져
헌법 위반의 술수를 쓰면, 국제 사회는
한국 민주주의를 업신여길 것이다. 국제 사회가
한국의 정당한 내부 절차마저 우습게 여긴다면,
이보다 심각한 국익 침해가 없다.

리고 일본 정부가 여전히 방사능 오염수를 통제하지 못하는 사실이 드러났음에도 이를 체계적으로 모니터링하지도 않고 조사하지도 않았다. 작년 6월에도 후쿠시마 원전의 방사능 오염수 차단 동토벽에 구멍이 생긴 사실이 드러났다. 하지만 이에 대한 한국의 체계적 조사는 없었다.

그 결과 한국은 현재 세계무역기구WTO에서 일본과 미국의 협공에 속수무책으로 당하고 있다. 일본은 2015년 8월에 한국을 WTO에 제소했고, 여기에 미국도 제3 당사자로 정식으로 참가했다. 미국은 2016년 7월 12일자로 판정부에 낸 서면에서 한국의 조치가 과학적 증거가 있는지 확실하지 않다고 한국을 협공했다. 이런 상황인데도 정부는 이 사건의 선고를 올 6월에 하는 데에 동의했다. 결국 지금까지의 상황을 보면, 한국이 도대체 무엇을 근거로 WTO 분쟁에서 후쿠시마 인근 수산물 수입 금지조치가 정당하다고 주장하는지 알 수 없다. 아니 한국의 조치가 정당하다고 강력하게 주장하는지조차 의문이다.

도대체 무슨 일이 있었는가? 나는 박 대통령과 황 권한대행 체제의 이해할 수 없는 헛걸음질 뒤에는 도널드 트럼프 미국 대통령이 걷어찬 환태평양 동반자 협정TPP이라는 낡은 틀이 있다고 생각한다. 버락 오바마 전 미국 대통령 시기에 체결된 TPP 협정문에 의하면 한국이 TPP에 가입하려면 일본의 동의가 필요하다. 나는 일본이 한국의 TPP 가입 조건으로 일본산 수산물 방사능 검역 해제를 요구했다고 본다. 일본의 처지에서 보면, 한국을 굴복시켜 일본산 수산물 방사능 검역을 해제하게 하는 것은 의미가 큰 본보기이다. 2020년 도쿄 올림픽 유치에 못지않은 '성과'가 될 것이다.

황 권한대행은 결정해야 한다. 트럼프 미국 대통령이 걷어찬 TPP를 거들기 위해 일본에 검역 주권조차 양보할 것인가? 아니면 검역 주권을 행사하여 제대로 일본 현지 조사를 다시 하고, 그 결과를 국민에게 공개할 것인가?

― 경향신문 2017. 1. 30.

비밀파병 협정이
국익인가?

2013년의 일이다. 중국의 대표적 주간지인 『남방 주말』 기자들은 새해 신년헌사를 준비했다. 제목이 '중국의 꿈, 헌정의 꿈'이었다. 그 일부를 소개한다.

헌법이 다스릴 때 모든 사람들의 아름다운 꿈은 이루어질 것입니다. 헌정을 실천하고 권리를 꿋꿋이 지켜 모든 사람들이 하늘의 해와 달같이 밝고 화사한 마음으로 살 것입니다. 중국의 꿈은 마땅히 헌정의 꿈입니다.

시진핑 주석이 제창하는 중국의 꿈이 헌법에 의한 통치이어야 한다는 선언이다. 그러나 기자들은 끝내 이 글을 실을 수 없었다. 글의 제목은 '추몽'으로 변경되었다. 글의 내용도 중국이 꿈에 근접해 있다는 긍정적 내용으로 바뀌었다. 기자들은 강력히 반발했다. 공개 서한을 보내어 당국의 검열에 항의했다. 시민들이 중국 공안의 저지를 무릅쓰고 신문사를 지지하는 시위를 벌였다.

헌법에 의한 통치는 민주주의 기본질서이다. 이에 도달하는 등산로는 여러 갈래일 수 있다. 중국과 한국이 헌정의 정상으로 올라가는 길이 다를 수 있다. 그러나 헌정이라는 목표는 같다. 실질적 헌정을 요구하는 본질은 중국과 한국이 다르지 않다.

1919년 4월, 이 땅의 민중들은 '대한민국 임시헌장'을 만들었다. 인민 평등, 계급 폐지, 사형제 폐지, 선거권, 종교·언론·집회·결사의 자유를 선언했다. 3·1혁명은 이 땅에 진정한 근대를 열었다. 좌절된 비폭력 저항운동이 아니라, 위대한 역사적 성취이다. 이어 1919년 9월의 '대한민국 임시헌법'은 국회인 의정원을 만들었다. 그리고 법률 없이는 처벌되지 않는다는 '죄형 법정주의' 대원칙을 선언했다.

이 땅의 사람들이 100년 전에 헌법을 만든 이유는 무엇일까? 1919년 9월의 '대한민국 임시헌법'에 답이 있다. 헌법 제정의 목적을 "공리를 창명하며 공익을 증진"한다고 밝혔다. 이처럼 헌법은 공동체의 구성 원리이다. 공익을 위한 그릇이다.

이명박 정부가 아랍에미리트UAE와 자동파병 비밀군사협정을 체결한 사실이 드러났다. 헌법 위반이다. 헌법 60조 1항은 주권 제약, 안전 보장, 재정 부담 조약은 반드시 국회의 사전 동의를 받도록 했다. 한국군의 자동파병 조항이 있는 UAE와의 군사협정을 국회의 사전 동의 없이 체결한 행위는 헌법 위반이다. 국회의 동의 없이는 파병 의무 조약을 다른 나라와 체결할 수 없다.

그런데도 이명박 정부는 헌법 위반 행위를 '국익'의 이름으로 합리화하려고 한다. 원전 수출을 위해 사용한 노련한 술수였다는 듯이 강변한다. 그러나 외교는 헌법의 무덤이 아니다. 외교일수록 헌법을 지켜야 한다. 그래야 국제 사회가 한국의 민주주의를 존중한다.

외교·통상·안보라는 유혹에 빠져 헌법 위반의 술수를 쓰면, 국제 사회는 한국 민주주의를 업신여길 것이다. 국제 사회가 한국의 정당한 내부 절차마저 우습게 여긴다면, 이보다 심각한 국익 침해가 없다.

내년이면 1919년 헌법 제정 100주년이다. 헌정의 꿈은 중국만의 꿈이 아니다. 한국의 꿈이기도 하다. 이제는 국제 사회가 한국 민주주의를 존중하게 해야 한다. 헌법을 위반한 비밀파병 협정은 국익이 아니다. 국회는 비밀파병 협정을 제출 받아 부결시켜야 한다.

— 한국일보 2018. 1. 22.

04

분단 70년과
평양 대표부 설치

네 명의 대한민국 국민이 북한에서 구금 중이다. 그중 한 사람인 최춘길 씨는 지난 일요일에 평양 고려호텔에서 미국 CNN 방송사 기자 윌 립플리와 인터뷰를 했다. 그는 끝내 눈물을 글썽였다. 기자가 인터뷰를 마치며 마지막으로 전할 말이 없느냐고 묻자 그는 "딸을 사랑한다"고 말했다.

북한에 구금된 네 명의 대한민국 국민은 최 씨를 포함해서 김정욱, 김국기, 그리고 주원문 씨 등이다. 이 중에서 김정욱 씨의 체포 사실이 알려진 것이 가장 빠른 지난 2월이고, 주원문 씨는 가장 늦은 이달 알려졌다.

나는 네 명의 대한민국 국민의 안전과 석방을 기원한다. 법률가의 한 사람으로서 조선민주주의인민공화국이 자신의 형사소송법 제6조에서 정한 대로 "형사 사건의 처리에서 인권을" 대한민국 국민에게 "철저히 보장"할 것을 요구한다. 북한은 같은 법 제60조에서 정한 "변호인의 방조를 받을 권리"를 대한민국 국민이 행사할 수 있도록 해야 한다.

동시에 나는 대한민국 정부에 요구한다. 국민의 안전과 안녕은 국가의 최우선 과제이다. 북한에 구금된 한국인의 안전과 석방을 위한 실질적 대화를 즉시 진행해야 한다.

미국은 작년에 한국계 케네스 배의 석방을 위해 클래퍼 국가정보국장을 북한에 보냈다. 우리 경우는 개성공단에 한국인이 상주하고 있고, 남북 사이의 교역액은 2014년에 23억 달러를 넘었다. 특사를 보내는 것으로는 부족하다. 더 늦기 전에 평양에 대표부를 설치하여 상주 외교관이 국민의 안전과 안녕 업무를 보는 시스템을 만들어야 한다.

이미 40년 전인 1972년, 남과 북은 상대방을 중상 비방하지 않기로 합의했다. 박정희 전 대통령 때의 일이다. 그리고 1992년에 남과 북은 상대방의 체제를 인정하고 존중할 것과 상대방을 파괴 전복하려는 일체의 행위를 하지 않는다는 내용의 「화해 불가침 합의서」를 체결했다. 노태우 전 대통령 때의 일이다.

북에 대한 폭력적 파괴와 전복 활동은 헌법의 평화 통일 가치에 반한다. 헌법은 '평화적 통일'과 '평화 통일'을 모두 일곱 차례나 언명한다. 특히 대통령에게 조국의 평화적 통일을 위한 성실한 의무를 부여했다.(제66조 제3항) 이 의무를 다하는 것이 평양 대표부 설치이다.

헌법은 '평화적 통일'과 '평화 통일'을
모두 일곱 차례나 언명한다. 특히 대통령에게
조국의 평화적 통일을 위한 성실한 의무를 부여했다.
(제66조 제3항)

분단 70년에 냉정하게 성찰해야 한다. 남과 북의 이토록 오랜 대립은 누구를 위한 것인가? 아베 신조 일본 총리를 보자. 그는 지난 29일의 미국 상하원 합동 연설에서 'Republic of Korea'를 두 차례 불렀다. 아베는 결코 일본의 아시아 침략에 대해 사죄할 목적으로, 대표적 피해 국가인 대한민국을 호명하지 않았다. 그가 일본의 '행위'가 '아시아 나라들'에게 고통을 주었다고 두루뭉술하게 발언할 때 대한민국을 '피해 국가'로 특정하지도 않았다.

대신 아베는 대한민국을 일본으로부터 혜택을 받은 대상으로 적시했다. 아베는 일본이 대한민국의 발흥rise을 지원하기 위하여 자본과 기술을 '헌신적으로devotedly' 쏟아 부었다고 말했다.

둘째로 아베는 대한민국을 미국과 일본 동맹의 2차적 파트너로 지목하면서 대한민국을 불렀다. 그는 미일 동맹의 핵심축에 대한민국을 비롯한 파트너를 덧붙이는 것이 아시아의 안정을 달성할 것이라고 말했다. 대한민국은 일본으로부터 수혜를 받은 국가로, 그리고 미일 동맹의 하위 파트너로서만 호명된 것이다.

분단 70년에 한국 사회는 스스로 물어야 한다. 북한 사람들의 기본적 인권 보장과 인간적 발전의 길은 무엇인가? 구금된 네 명의 한국인 문제를 해결하는 과정은 70년의 남북 분단을 평화적으로 해결하는 길이어야 한다. 거듭 최춘길, 김정욱, 김국기, 그리고 주원문 씨의 안전과 조속한 석방을 기원한다.

— 프레시안 2015. 5. 7.

남북 동시 사형제 폐지,
통일로 가는 한 걸음

세월의 무게가 무겁다. 30년 전에 군대 생활을 같이 했던 친구들의 아들들이 입대를 했거나 제대를 했으니 말이다. 1980년대에 군대를 제대하던 총각들끼리 자신의 아들 세대까지는 설마 징병제가 계속되지는 않겠지 하고 위안을 삼았으니, 순박했던 것인가?

젊은이들이 군대에서 다리를 잃고 손목을 잃고, 죽는 소식을 들을 때마다 이토록 강고한 남북 분단이 원망스럽고 한탄스럽다. 이러다가 우리 아들들의 아들들도 같은 민족끼리 서로 총을 겨누고 있지는 않을까 하는 비관적인 생각을 떨칠 수 없다.

왜 이토록 분단이 강고한 것일까? 남과 북의 사람들로 하여금 이렇게 오랫동안 분단 질서를 수용하게 강제하는 힘은 무엇일까? 나는 식민지 시기와 해방, 그리고 한국전쟁에 이르기까지 남과 북에서 권력 또는 그 방조 속에 자행된 무수한 죽임에서 아직 우리가 자유롭지 않기 때문이라고 생각한다.

이 땅이 독일과 다른 점은 너무도 많은 사람들이 민족 내부의 대립 속에서 죽고 또 죽였다는 사실이다. 민족이 민족을 대규모로 조직적으로 죽였다. 남과 북의 정치 체제는 이 죽음의 과정에서 형성되었다. 이렇게 강고한 남북 분단이 아직도 유지되는 것은 단순히 민족 외부의 힘에 의해서가 아니라 민족 내부의 너무도 몸서리치는 집단적 기억이 살아 있기 때문이다.

학살과 처형의 공포가 지속되는 한 남북 분단을 해소할 수 없다. 그러므로 남과 북에서는 그 누구도 국가에 의해 죽임을 당하지 않는 사회를 만드는 것이 통일이라고 생각한다.

한국이 사형을 집행하지 않는 소극적 상태에서 한걸음 더 나아가, 남과 북이 동시에 사형제도 자체를 폐지하는 것이 한국 법치주의의 가장 중요한 과제이다. 법치주의란 무엇인가? 법이 단지 통치의 도구가 아니라, 법을 통하여 기본권을 보장하는 것이다. 법의 이름으로 국가권력에 의한 죽음을 막는 것은 남북 분단에서의 법치주의의 본질이다.

한국은 형법 41조에 형벌의 종류로 사형을 인정한 사형제를 폐지해야 한다. 그리고 국가보안법의 사형 규정을 없애야 한다. 특히 지금 정부나 앞으로의 정부에서 사형을 집행하려는 어떠한 시도도 있어서는 안 된다.

북한도 형법에서, 법으로 따로 정한 죄가 아니면 처벌할 수

한국이 사형을 집행하지 않는 소극적 상태에서
한걸음 더 나아가, 남과 북이 동시에 사형제도 자체를
폐지하는 것이 한국 법치주의의 가장 중요한 과제이다.
법치주의란 무엇인가? 법이 단지 통치의 도구가 아니라,
법을 통하여 기본권을 보장하는 것이다.
법의 이름으로 국가권력에 의한 죽음을 막는 것은
남북 분단에서의 법치주의의 본질이다.

없다는 '죄형 법정주의'를 규정한 것에서 더 나아가야 한다. 북한 형법 27조의 사형 형벌 규정과 63조의 조국 반역죄에서의 사형을 폐지해야 한다. '배반', '변절'과 같은 두루뭉술한 행위로 그 정상이 특히 무겁다 하여 사형을 선고할 수 있도록 한 것은 북한 형법 6조의 죄형 법정주의와도 맞지 않는다.

적어도 국가권력에 의해 죽임을 당하지 않는 세상을 남과 북에서 만들고 싶다. 법률가로서, 그런 상태가 더 나은 모양의 통일이라고 생각한다. 만일 통일이라는 구실로 또 다시 민족이 민족을 죽인다면 나는 통일에 반대할 것이다. 통일을 위한다며 민족을 죽인다면, 그것은 통일이 아니다. 헌법에 '평화적 통일'이라는 낱말을 세 번이나 쓴 까닭을 알아야 한다.

— 프레시안 2015. 11. 17.

개성공단 전면 중단은
법치주의 위반

불안한 설이었다. 구정 연휴 첫날인 토요일에 북한이 유엔 결의를 위반하고 위성을 발사했다. 그날 미국 공화당의 대통령 후보 경쟁자인 젭 부시는 공화당 후보 토론회에서 미국인의 안전에 필요하다면 북한에 대한 '선제공격'을 해야 한다고 발언했다.

그러더니 연휴 중 한국 정부는 기다렸다는 듯이 '사드' 배치 협의를 공식화해 버렸다. 그리고 연휴가 끝나는 수요일에 개성 공단 전면 중단을 선언했다. 이 모든 충격적인 사건이 설 연휴 안에 일어났다.

일련의 사건 중 개성공단 폐쇄 문제만 한정한다. 나는 묻는다. 개성공단에서 한국 기업의 기업 활동을 전면 금지하고 재산권 행사를 막는 국내 법적 근거가 있는가?

헌법은 대통령에게 "국가의 안전보장"을 위한 긴급 재정 경제 명령권을 주었다. 그러나 헌법은 "국회의 집회를 기다릴 여유가 없을 때에 한하여"라는 단서와 조건을 달았다. 지금 한국 국회는 정상적으로 개회 가능하다. 설날 연휴에도 개회하여 '북한의 장거리 미사일 발사 규탄 결의안'을 채택하지 않았는가? 그러므로 대통령의 긴급 재정 경제 명령권으로 개성공단을 10일자로 폐쇄할 수 없다.

대통령에게 권한이 없다면, 통일부 장관의 이름으로 개성공단을 전면 중단할 수 있는가? 그러나 통일부 장관에게 그런 권한은 없다. 남북교류협력에 관한 법률은 "국가안전보장을 해칠 명백한 우려가 있는 경우"에 한하여 "6개월 이내의 기간을 정하여", "청문" 절차를 거친 후에 남북 협력 사업을 정지하도록 했다.(17조 4항) 지금 개성에서의 한국 기업의 활동이 그러한 경우에 해당하는가? 이미 한국은 2013년에 북한의 3차 핵 실험에도 불구하고 결국 북한과 개성공단 운영 재합의를 했다.

개성이라는 특수한 지역에서 사업을 하려고 한 이상 중단 사태는 언제든지 감수해야 할 것이 아니냐고 물을지 모른다. 그렇지 않다. 오히려 개성공업지구 지원에 관한 법률은 정부에게 "개성공업지구 기업의 경영 활동이 경제 원리와 기업의 자율성을 바탕으로 일관되게 추진될 수 있도록 여건을 조성하고 이를 지원하기 위해 노력한다"라고 규정했다.(3조 1항) 바로 개성과 같은 특수한 지역에서 투자를 하는 것이므로 더욱 강력한

법치주의 국가의 기본 원칙은 어떠한 국가 행위나
국가 작용도 헌법과 법률에 근거하여 그 테두리 안에서
합헌적·합법적으로 해야 한다는 것이다.
10일자의 개성공단 전면 중단은 법치주의 위반이다.
법치주의는 냉전 상황에서 거추장스러운 장식이 아니다.
오히려 동아시아 정세에서 한국의 중요한 전략이다.
동아시아의 법치주의 매력 국가가 되어야 한국은
국가 정체성을 유지할 수 있다.

연속성을 법적으로 보장한 것이다.

그러므로 나는 거듭 묻는다. 개성에서의 기업 활동을 10일 자로 전면 금지시킨 법적 근거는 무엇인가? 개성에서 기업을 하는 사장들에게 전화 한 통화로 철수를 지시하는 것인가? 개성의 한국 기업으로 하여금 개성에서의 재산을 두고 철수하도록 명령할 때에는 법적 근거를 가지고 법에서 정한 절차에 따라 진행해야 한다. 법치주의 국가의 기본 원칙은 어떠한 국가 행위나 국가 작용도 헌법과 법률에 근거하여 그 테두리 안에서 합헌적·합법적으로 해야 한다는 것이다. 10일자의 개성공단 전면 중단은 법치주의 위반이다.

법치주의는 냉전 상황에서 거추장스러운 장식이 아니다. 오히려 동아시아 정세에서 한국의 중요한 전략이다. 동아시아의 법치주의 매력 국가가 되어야 한국은 국가 정체성을 유지할 수 있다.

그러나 현실은 참담하다. 대통령을 비판하였다고 일본 기자를 기소하여, 일본의 우익이 한국을 언론과 표현의 자유가 없는 '이류 나라'로 선전할 빌미를 주었다. 일본에서 한국을 아시아 민주주의의 상징으로 여기던 모습은 급격히 쇠퇴했다. 그러더니 이제 북한과 관련된 중요 문제에서도 법치주의 원칙을 포기했다.

이래서는 남북 관계를 한국이 주도할 수 없으며, 북의 평화와 인권을 지원할 수 없다. 북의 핵실험과 위성 발사는 평화를 해치는 일이다. 그러나 그것은 기본적으로 북한과 미국과의 관계에서 발생한 것이다. 개성공단 전면 중단은 미국의 북핵 정책 실패의 짐을 한국이 떠안는 어리석은 것이다.

미국의 대통령 후보 경쟁자라는 자가 필요하다면 북한 선제 공격을 해야 한다는 발언을 텔레비전 토론회에서 거리낌 없이 하는 것은 그가 오만한 탓만은 아니다.

— 프레시안 2016. 2. 11.

개성공단 불법 중단과
재산 동결,
희망 없나?

박근혜 대통령의 10일자 개성공단 전면 중단도, 김정은 제 1위원장의 11일자 한국 국민 재산 동결도 모두 법치주의 위반 이다. 이를 지적하는 것은 부질없는 일이 결코 아니다.

북한이 개성에 있는 한국민 소유 재산을 '동결'한 것은 무슨 의미인가? 북한 법에서 동결은 '몰수'와 다르다. 이를테면 북한 의 2006년 자금세척방지법은 자금 세척 행위와 관련 있는 자 금을 '동결' 또는 '몰수'한다고 다르게 규정했다. 동결은 우리 식으로 표현하면 '가압류' 또는 '압류'와 같은 것이다. 재산의 소유권은 유지된다. 반면 몰수의 경우는 재산의 소유권을 박 탈한다. 그래서 북한의 2009년 민사소송법은 판결의 집행문을 받은 날로부터 한 달 안으로 채무를 변제하지 않으면 계좌를 '동결'시킬 수 있다고 했다. '몰수'한다고 하지 않은 것이다.

결국 북한이 개성에 있는 125개 한국 기업의 재산을 '동결' 한 것은 아직까지는 한국 기업의 재산 소유권을 인정한 것이 다.

그렇다면 왜 북한은 개성의 한국 재산을 몰수하지 않은 것인 가? 그것은 아직 상호 정산 절차가 남아 있기 때문이다. 북한의 최고인민회의 상임위원회가 2003년에 개정한 개성공업지구 법은 투자가의 재산은 국유화하지 않는다고 규정했다.

북한의 동결 조치에는 장차 북한이 한국과 한국 기업에 대하 여 채권을 가지고 있다는 주장의 제기가 예정되어 있다. 이어 북한은 개성에 있는 한국민의 재산에서 북한 주장 채권을 회수 하겠다고 주장할 것이다.

북한은 어떠한 채권을 주장할 것인가? 먼저 한국 기업에게 는 북한 근로자에 대한 일방적 해고에 따른 임금 손실과 피해 를 주장할 것이다. 한국의 노동법제에서도 사용자가 근로자를 부당해고할 경우 근로자는 해고 기간 중의 임금을 청구할 수 있다.

개성공단의 노동 규정에 의하면 한국 기업은 북한 근로자와 의 근로 계약을 어김없이 이행할 의무가 있다.(제9조) 한국 기 업은 북한이 추방 명령을 하였고 북한 근로자가 출근하지 않았 으므로 해고가 아니라고 항변할 수는 있으나, 전면 중단을 먼 저 선언한 쪽은 한국이다. 이 문제는 한국에 유리하지 않다.

나아가 북한은 한국 정부에 대해서도 채권을 주장할 것이다.

우리의 아이들, 그리고 그 아이들의 아이들에게
평화와 인권의 세상을 남기려면 이 대화의 끈을
놓아서는 안 된다.

그동안 남북 사이에는 투자보장 합의서를 비롯하여 개성공업지구 통신에 관한 합의서 등 여러 합의가 존재했다. 북한은 한국의 10일자 전면 중단이 이러한 합의를 위반한 것이라 주장할 것이다. 그에 따른 손해를 배상하라고 요구할 것이다. 이 문제도 한국에 유리하지 않다.

한국 정부는 11일, 법적 근거를 묻자 "고도의 정치적 판단에 따라 공익 목적으로 행해진 행정적 행위"라고 답변했다. 그러나 이 항변은 2010년의 5·24조치에 대해서나 통했던 낡은 것들이다.

이번 조치는 5·24조치와 전혀 다르다. 북한 근로자에게 지급한 임금 자체를 문제 삼는 것은 일체의 남북 경제 협력을 부정하는 것이다. 근로의 대가로 주어야만 하는 임금의 지급을, 핵개발에 전용될 것이라는 우려만으로 어떠한 협의나 대안 모색도 없이 일방적으로 전면 중단해 버렸다. 개성공업지구법에서 정한 분쟁 해결 절차도 전혀 이용하지도 않았다.

그렇다면 북한의 11일자 추방과 재산 동결은 적법한가? 그렇지 않다. 북한이 한국민을 대상으로 재산을 관리하거나 반출할 시간적 여유를 주지 않고 추방한 행위는 남북투자보장 합의서 위반이다. 지금 북한에 있는 한국민의 재산은 북한이 자신의 법인 개성공업지구법에 의해 투자를 승인해 준 것이다. 그러므로 남북투자보장 합의서에 따라 북한은 "자유로운 경영 활동을 보장해야 한다." 그러나 북한은 이를 지키지 않았다. 그리고 체류를 보장한 출입 및 체류 합의서도 위반했다. 북한의 행위는 법적으로 정당화될 수 없다.

    희망은 없는가? 나는 아이들을 키우는 사람으로서 희망의 끈을 놓고 싶지 않다. 한국민의 재산이 개성에 있는 한, 남과 북은 다시 협상 테이블에 마주 앉게 될 것이다. 역설적으로 양측의 불법적 중단과 동결에서 다시 대화는 시작할 것이다. 서로의 잘못을 핏대 세워 따지겠지만, 결국 재산 정산 협상을 할 수밖에 없을 것이다. 우리의 아이들, 그리고 그 아이들의 아이들에게 평화와 인권의 세상을 남기려면 이 대화의 끈을 놓아서는 안 된다.

— 프레시안 2016. 2. 12.

남북,
'개성'에서 다시 만나야

  개성공단의 문을 닫은 지 보름이 지났다. 결과는 무엇인가? '끝장 제재'를 이끌었는가? 미국의 북한제재법과 유엔의 대북 제재안을 보자. 핵심 내용은 대량살상무기 개발과 관련성이 있는 거래 금지이다. 주민의 경제생활 거래까지 제한하지 않는다. 이것은 유엔법의 기본적 원칙이다. 모든 국제 제재에 대해 적용하는 유엔의 원칙은 "특정 국가의 주민들은 자신들의 지도자가 국제 평화 규범을 위반했다는 이유로 경제적·사회적·문화적 기본권을 박탈당하지 않아야 한다"는 것이다. 이미 1997년에 유엔 경제적·사회적·문화적 권리위원회가 결정한 원칙이다.

  '끝장 제재'는 성립할 수 없는 허구적인 개념이다. 중국과 북한의 국경 길이는 870마일, 140만 킬로미터이다. 휴전선 길이의 다섯 배가 넘는다. 물리적으로 봉쇄할 수 없다. 석유 공급 중단? 북한 주민의 생계를 위협하는 석유 공급 중단을 중국에 요구하는 것 자체가 국제인권법 위반이다. 중국 외교부의 왕이 부장이 미국 케리 국무장관에게 적절하게 발언했듯이 "북한의 추운 겨울을 생각하면 석유 공급 중단은 대규모 인도주의적 위기를 가져온다." 대규모 동사라는 참사가 발생한다는 말이다. 맞는 말이지 않은가? 미국이 이를 모를 리 없다. 그래서 미국의 북한제재법도 석유를 제재 대상에서 제외했다. 그리고 '인도주의' 예외를 두었다. 북한제재법이 미국 하원과 상원을 통과한 때는 차례대로 올 1월 12일과 2월 10일이다. 개성공단 전면 중단 이전이다. 한국이 개성공단 중단이라는 초강수를 두어 미국의 강력한 북한제재법을 이끈 것이 아니다.

북한 주민의 해외 취업도 마찬가지다. 북한 사람이 중국과 러시아에 취업하는 것을 봉쇄하는 것은 근로의 권리를 규정한 세계인권선언 위반이다. 그래서 유엔 결의에 담을 수 없다. 북한의 핵문제와 인권 문제가 심각할수록 그 해결 방법과 과정은 인권적이고 문명적이어야 한다.

정부가 기업에 준 남북협력 사업승인은 아직 살아 있다. 유효하다. 정부는 사업승인을 취소하지도, 정지하지도 않았다. 기업의 개성공단 방문은 금지한 상태이다. 아무리 개성공단 전면 중단이 필요하다고 판단했더라도, 국민의 재산권은 보장해야 한다. 토지 이용권, 공장 건물, 기계, 원료, 재고품 등 막대한

북한의 핵문제와 인권 문제가 심각할수록

그 해결 방법과 과정은 인권적이고 문명적이어야 한다.

국민의 재산이 개성에 있다. 이를 어떻게 할 것인가? 남과 북은 우선은 개성에 있는 한국민의 재산 관리 문제를 위해서라도 만나야 한다. 북한이 동결한 재산의 정확한 현황을 함께 파악해야 한다. 한국 기업이 북한 근로자들에게 지급해야 할 임금 채무가 얼마인지 정산해야 한다.

이 접촉과정에서 논란의 핵심인 근로자 임금 지급 방식을 발전시켜야 한다. 북한이 제정한 '개성공업지구 로동규정'도 "기업은 로동 보수를 화폐로 종업원에게 직접 주어야 한다"고 되어 있다.(제32조) 북한법대로 북한 근로자에게 직접 임금을 주어 핵무기 개발 자금 전용 의혹을 해소할 필요가 있다. 임금 지급용 북한 화폐를 한국 기업이 조달하도록 남과 북이 통화 교환 협정을 맺는 것도 하나의 방법이다. 한국은 북한 돈으로 북측 근로자 임금을 지급하고, 북한은 한국 돈을 한국 제품 구입에 사용할 수 있다. 유엔 안보리 제재 속에서도 가능한 협력 사업의 대안을 머리를 맞대고 찾아야 한다.

개성공단을 어떻게 할 것인가? 현실을 직시하는 용기가 필요하다. 유엔의 대북 제재 결의도 한계의 모습을 드러냈다. '끝장 제재'는 불가능할 뿐 아니라, 국제법상 허용되지 않는다. 개성공단에 있는 재산은 한국민의 것이다. 정부는 국민의 재산권을 보호할 법적 의무가 있다. 정부는 개성공단 재산 관리를 위한 남북 접촉에 나서야 한다. 북한도 일방적 재산 동결이라는 불법 상태를 해소해야 한다. 북한 근로자의 임금 채권 정산을 위해서라도 한국 기업의 재산 가치가 얼마인지 남과 북이 같이 확인해야 할 것 아닌가? 개성에서 남과 북은 만나야 한다.

— 경향신문 2016. 2. 29.

개성공단 한국 기업은
정부를 믿고 싶다

북한이 개성공단 한국 기업 재산을 '완전 청산'하겠다고 발표한 지 한 달이 지났다. 그러나 개성공단의 한국인 재산이 어떤 상태인지 도무지 알 수 없다. 정부는 국민의 재산을 보호할 의무가 있다. 애초 개성공단을 전면 중단시킨 목적은 무엇이었나? 핵무기를 개발하려는 돈줄 차단 효과는 정부 스스로도 확신하지 못한다. "핵·미사일 개발에 얼마나 사용됐는지 구체적이고 정확하게 확인하기는 어렵습니다." 이는 통일부가 지난 3월 10일자 공문에서 밝힌 내용이다.

게다가 임금은 북한 근로자들이 노동한 대가로 지급한 돈이다. 근로자들과 그 가족이 생계유지에 사용하는 돈이다. 핵무기 개발에 전용할 공짜 돈이 아니다. 물론 개성공단에서 지급한 달러가 북한의 달러 보유량을 늘리는 것은 맞다. 그러나 이런 논리로 개성공단을 중단시키면 남과 북의 경제교류를 앞으로는 꿈도 꾸지 말아야 한다. 남과 북의 경제 관계를 화폐가 없던 구석기 시대로 돌린 것이다.

강력한 유엔 제재를 위해 개성공단을 전면 중단했다는 논리도 근거가 부족하다. 이미 북한의 핵 위협과 세 차례 핵실험에 대응해 유엔은 1993년부터 2013년까지 제재 강도를 갈수록 높였다. 유엔 제재에 맞선 북한의 4차 핵실험 다음에 유엔이 더 강력한 제재를 하는 것은 처음부터 예정돼 있었다. 한국이 개성공단을 폐쇄하는가 하지 않는가는 핵심변수가 아니었다.

여기서 꼭 확인할 점은 유엔의 올 3월의 강력한 대북 제재 또한 개성공단 사업과 같은 경제협력을 원천적으로 금지하는 것은 아니라는 점이다. 안보리 제재 내용에는 제재가 북한의 경제활동과 경제협력에 부정적 영향을 주려는 것이 아님을 강조한다고 돼 있다. 또 북한의 핵무기 개발에 연관성이 있는 금융거래에 한해 제재하고 있다. 애초 개성공단 사업은 북한의 핵무기 개발에 기여하지도 않았고, 연관성도 없었다. 그래서 한국은 북한의 3차 핵실험에 따른 유엔의 2013년 제재에도 불구하고 개성공단을 계속 가동했다.

앞에서 언급했듯이 개성공단 임금으로 지급한 달러가 북한의 핵무기 개발에 얼마나 사용됐는지 구체적이고 정확하게 확인하기 어렵다는 세 정부의 공식 의견이다. 핵무기 개발과의 연관성을 정부도 알 수 없다는 것이다.

개성공단을 중단시켜 달성하려고 한 목적은 모호하고 추상적이다. 구체적이고 정교한 행동 계획과 대책을 가지고 개성공단을 중단시킨 것이 아니다. 북한은 한국 기업의 재산을 보장하는 내용의 남북투자보장 협정을 어겼다. 한국 기업인을 강제 추방하고, 재산을 동결시켰다. 이 불법적 과정에서 상호신뢰는 무너졌다. 그 피해는 한국의 기업과 근로자들이 보았다. 북한이 지금 개성공단에서 동결 중인 한국 기업의 재산은 한국 기업의 소유다. 정부는 국민의 재산을 보호할 의무가 있다. 그러므로 정부는 북한에 한국인 재산에 대한 보호를 강력히 요구해야 한다. 나아가 북한과 접촉하여 재산이 현재 어떤 상태에 있는지 현지 조사를 통해 파악해야 한다.

북한이 지난 3월 10일에 발표한 한국 기업 재산 '완전 청산'의 의미는 소유권을 박탈하는 '몰수'와는 구별되는 개념이다. 나는 그 의미를 북한이 2011년에 개정한 '외국인투자기업파산법'에서의 '청산'을 뜻하는 것으로 본다. 기업의 채권 채무를 청산하는 것이다. 현재 한국 기업은 북한 근로자들에게 1월분 임금을 지급하지 못했다. 1년 이상 근로한 근로자에게는 퇴직금도 추가로 줘야 한다.

결국 북한이 말한 '완전 청산'은 이 같은 채권 채무 관계를 정리하겠다는 의미로 볼 수 있다. 그러므로 북한은 먼저 개성공단에 있는 한국 기업의 재산 가치 평가액이 얼마이고 북한 근로자의 임금 채권이 얼마인지 정산한 정산서를 한국 기업과

정부에 제출해야 한다. 만일 이런 절차를 거치지 않은 채 일방적으로 몰수 조치를 한다면, 이는 명백한 불법이다. 벌써 두 달이 지났다. 더 늦기 전에 정부가 나서야 한다. 북한과 접촉해야 한다. 국민의 재산을 지킬 의무가 정부에 있다. 정부는 개성공단 기업인의 북한 방문을 막으려고만 하지 말고, 북한과 접촉을 개시해야 한다. 그래야 기업이 정부를 믿는다. 시간이 많지 않다.

— 경향신문 2016. 4. 14.

북 소비재 시장을
주목하자

 지난 8일 개성공단 기업들이 개성공단 방문을 신청했다. 장마철이 오기 전에 기계설비 점검과 보존대책을 세울 참이었다. 그러나 정부는 승인 거부를 밝혔다. 물론 남북관계는 아직 정상적인 관계가 아니다. 전쟁과 도발의 고통과 비극이 크다. 접근 방법을 둘러싸고 많은 논쟁과 갈등이 있다. 그렇다 하더라도 정부의 승인 거부는 잘못이다. 먼저 법적으로 문제가 많다. 대한민국 국민의 북한 방문은 정부가 시혜를 주는 것이 아니다. 국민의 기본권으로서의 성격이 있다. 대한민국 헌법은 북한을 한국의 영토로 규정했다. 정부는 북한을 일시 방문할 국민의 권리를 원칙적으로 보장해야 한다. 이를 위해 신변안전 보장방법 등을 북에 요구하고 접촉해야 한다. 북이 신변안전 보장을 제공하지 않을 경우에는 법적 절차에 따라 방북을 불허

할 수 있다.

그러나 정부는 공단 기업의 방북 승인 신청이 있자마자 북과 신변보장 요구 접촉도 하지 않은 채 즉시 거부했다. 국민의 방북이 특혜나 시혜인 것처럼 행동했다. 국민 기본권 보장에 매우 소홀했다.

기업의 개성공단 방북은 실제적 대북정책에 큰 도움을 줄 좋은 기회이다. 기업이 개성공단에 두고 온 기계와 원자재, 제품을 북이 어떻게 보관·관리했는지는 북의 경제 관리 운용 실제를 알 수 있는 매우 중요한 정보이다.

만일 북한이 일방적으로 기계나 제품을 해체하고 처분했다면, 기업이 중심이 되어 북한에 배상을 요구하는 국면으로 갈 수 있다. 이른바 국내의 남남 갈등도 줄어들 것이고, 정부도 실제에 근거한 대북 정책을 국민에게 설명할 수 있을 것이다. 북한도 한국 사회를 자신의 편리에 따라 인식하는 오류를 알게 될 것이다.

반대로 성의를 다해 관리하고 있다면, 더 강력한 국민의 이해 속에서 개성공단 신구상을 발표할 수 있다. 이 경우 전혀 새로운 개성공단을 시작해야 한다. 신공단은 북한의 소비재 시장에 적극 진출하는 공단이어야 한다. 중국 국가안전부 소속인 현대국제관계연구원 리준은 2013년의 연구에서 북의 인력자원, 자연자원, 그리고 잠재 시장을 북한이 2020년까지 개발도상국 수준으로 발전할 수 있는 우수 요소로 꼽았다.

북한 당국이 북한에서 소비재 시장의 발전을 막을 수 없듯이, 유엔 제재도 북의 소비재 시장 발전을 막을 수 없다. 이 단순한 사실을 북에 대한 제재로만 나가는 정부도 알아야 한다. 북의 소비재 시장의 인기 제품이 '자동차 부품'과 '피자'라는 보도는 무엇을 의미하는가? 신개성공단은 북한의 성장하는 소비재 시장과 밀접하게 결합해야 한다. 그래서 개성공단 제품을 한국으로 모두 들여오는 것이 아니라, 북한의 생필품을 생산하여 북한 시장에 공급해야 한다. 그렇게 하면 개성공단의 효과가 단지 한 지역에 머물지 않고 확산될 것이다.

또 신공단은 북한 근로자에게 직접 임금을 지급하는 방식이다. 불필요한 달러 전용 논란을 차단하도록 근로자에게 직접 생활필수품으로 임금을 지급할 수 있다. 이렇게 하려면 북측 근로자들이 개성공단 임금만으로 기본적 생활을 할 수 있어야 한다. 즉 임금으로 의식주와 의료·교육이 가능하도록 임금을 인상해야 한다. 이를테면 월 400달러에 해당하는 생활필수품, 대표적으로 쌀을 임금으로 지급하면, 북의 근로자는 이를 받아 북의 시장에서 판매하여 생활비를 충당할 수 있을 것이다.

새로운 개성공단은 국제 공단이어야 한다. 한·중·일 합작 공단이면 좋고, 유럽연합이나 미국의 회사도 참여하면 더 좋다. 그렇게 하면 남과 북이 자신만의 이해로 갑작스런 조치를 하기 어려울 것이다. 정부는 개성공단 기업의 방북 신청을 적극 활용해야 한다. 애초 개성공단 폐쇄를 통해 끌어내리던 중국의 획기적 대북정책 변화는 보이지 않는다. 오히려 북한 리수용 부위원장은 얼마 전 시진핑 주석을 면담했다. 개성공단 기업의 방북 승인을 촉구한다.

— 경향신문 2016. 6. 13.

박 대통령은
개성공단 폐쇄 목적
달성했나

　박 대통령이 개성공단을 폐쇄한 지 곧 반년이 된다. 대통령은 공단을 폐쇄한 목적을 달성했는지 성찰해야 한다. 중국의 '북한 요리 식당' 몇 개를 문 닫게 하는 것이 목적은 아니었다. 그러나 개성공단 폐쇄라는 강수를 보여 줌으로써 중국과 러시아를 북한 제재 틀 깊숙이 끌어들이려는 것이 목적이었다면 실패했다. 현실을 직시해야 한다.

　중국은 6월 20일 유엔 안보리에 제출한 본문 세 페이지의 북한 제재 이행 보고서에서 이렇게 말했다. "제재는 목적이 아니며, 안보리 결의 또한 한반도 핵 문제를 근본적으로 해결할 수 없다." 그러면서, 알려진 대로 중국은 사드 배치를 반대한다고 보고서에서 천명했다. 러시아의 북한 제재 이행 보고서는 표지와 본문을 합해서 한 페이지를 다 채우지 못한 두 문단밖에 되지 않으며, 본문도 머리말을 빼면 11줄에 지나지 않는다.

용기 있게 판단해야 한다. 한때 중국을 북한 제재에 강력히 끌어들일 것으로 자신하는 언어들이 많았다. 그러나 한국 정세가 놓여 있는 더 근본적 토대는 미국과 중국의 협력과 대립이다. 중국은 미국과 일본에 대한 자신의 전략적 이익을 위해 움직일 뿐이다.

대통령은 개성공단 패쇄 모험이 실패했음을 인정해야 한다. 현실을 직시해야 한다. 그것이 진정한 용기이다.

한국은 유엔에 낸 북한 제재 이행 보고서에서 개성공단 폐쇄를 보고했다. 그러면서 이렇게 적었다. "현재 대한민국과 조선민주주의인민공화국 사이의 일체의 교역은 중단되었다." 아, 한국의 보고서에서 모두 9번 반복되는 이 문장은 얼마나 허망한가? 과연 지금 한국의 외교와 정치는 어디에 있는가?

나는 대통령의 한반도 비핵화를 지지한다. 박 대통령은 일관되게 북한의 비핵화를 향해 움직여야 한다. 오로지 대화와 협상만이 한반도 핵문제를 해결할 수 있다. 제재는 대화와 협상을 향한 부차적 수단일 뿐이다. 유엔에 9번씩이나 한국과 북한에는 더 이상 어떠한 교역도 없다는 것을 보고하기 위해 대통령이 된 것이 아니다. 보통의 국민이 평화롭게 일상을 살아갈 수 있도록 봉사하기 위해 대통령이 되었다.

그림에도 대통령은 대북 제재가 목적인 것처럼 행동하고 있다. 사드를 배치하는 것이 외교와 정치의 목적이며 성과인 것

대한민국을 둘러싼 냉엄한 국제 현실을 직시해야 한다.

북한과 대화와 협상 없이는, 그리고 6자 회담 없이는

한반도 비핵화는 불가능하다.

북한의 안보 위협에 대한 대비는 필요하다.

그러나 무기가 한반도 평화를 보장하지 않는다.

무기가 평화를 보장한다는 말은 무기상의 말이다.

그런 논리라면 평화를 위해 핵무장을 한다는

북한의 말과 무엇이 다른가?

처럼 말하고 있다. 그러나 사드 배치는 그 자체가 실패이다.

나는 사드는 개성공단 폐쇄라는 빈틈을 미국과 일본이 노리고 들어온 것이라고 판단한다. 일본 방위성 자료에 의해서도 확인되듯이 일본이 미국과 대륙간 탄도미사일 방어망BMD 협의를 시작한 때는 1993년 12월이다. 이 얼마나 집요한가?

사드에 대한 그 어떠한 통제권도 없는 군인들과 관료들이 "사드는 MD와 관계가 없다"고 떠드는 언어 희롱을 지켜보노라면, 북한을 '극장 국가'라고 지적한 와다 하루키가 한국을 보고 무어라 말할지 걱정이다.

대한민국을 둘러싼 냉엄한 국제 현실을 직시해야 한다. 북한과 대화와 협상 없이는, 그리고 6자 회담 없이는 한반도 비핵화는 불가능하다.

북한의 안보 위협에 대한 대비는 필요하다. 그러나 무기가 한반도 평화를 보장하지 않는다. 무기가 평화를 보장한다는 말은 무기상의 말이다. 그런 논리라면 평화를 위해 핵무장을 한다는 북한의 말과 무엇이 다른가?

사드는 한반도 비핵화에 필수적인 6자 회담에 중대한 장애가 된다. 중국과 러시아는 6자 회담장소에서 끊임없이 사드 문제를 제기할 것이다. 한국이 주도해서 한반도 평화를 달성해야 한다. 대통령은 용기를 가지고 개성공단 폐쇄를 원점에서 재검토해야 한다.

— 프레시안 2016. 7. 25.

대법원도 인정한
개성공단 가치

　무더위가 막바지 기승을 부리던 지난달 30일, 대법원이 주목할 만한 판결을 냈다. 개성공단 기업 사이에서 임대차 분쟁이 있었는데, 헌법의 '자유시장 경제질서'에 기초한 경제 활동이므로 한국 법원에 재판 관할권이 있다고 판단했다.

　애초 사건은 개성공단 현지 기업들끼리 임대해 준 개성공단 현지 건물을 둘러싸고 생겼다. 북한법에 따라 설립한 회사 사이에서 그것도 북한 지역의 건물을 놓고 발생한 분쟁이었다. 북한법상의 회사이다 보니, 회사 대표 직함도 '대표이사'가 아니라 '기업 책임자'이다.

　대법원은 이 사건에 자신의 관할이 있다고 했다. 그 주된 이유로 개성공단 현지의 기업이 한국 헌법에서의 '자유시장 경제질서'에 따라 경제 활동을 했다는 점을 밝혔다. 이 판결은 의미가 크다. 대법원은 개성공단이라는 북한 지역에서 한국 헌법 경제질서가 작동했다는 것을 공식적으로 확인했다. 실제로 그동안 법원은 개성공단에 있는 부동산을 대상으로 한 경매 사건에서 개성공단을 방문해 부동산에 대한 조사와 경매를 진행했다. 이처럼 개성공단이라는 북한 지역에서 한국의 경제질서가 자리 잡고 살아 움직이고 있었다.

하지만 한국은 개성공단을 폐쇄했다. 이는 단지 공단 가동 중단이라는 물리적 손실만이 아니다. 북한 지역에서 작동 중이던 한국 경제질서의 종언을 의미한다. 이 상실을 감수하고 얻은 것은 무엇인가? 개성공단을 폐쇄했지만 북한의 핵 기술 고도화를 막지 못했다. 오히려 북한은 잠수함발사 탄도미사일 개발에도 성공했다.

중국을 북한 제재 틀 깊숙이 끌어들이려는 것이 목적이었다면 실패했다. 오히려 중국은 개성공단 폐쇄로 인한 긴장 격화에 비판적이다. 개성공단 폐쇄는 남북 사이의 신뢰 문제에 큰 손상을 입혔다. 개성공단 근로자에게 지급하는 임금이 얼마나 북한의 핵 개발에 사용되는지 정부 스스로도 정확한 자료가 없다. 이런 상황에서 일방적으로 개성공단을 폐쇄해 버렸다. 현실을 직시해야 한다. 개성공단 폐쇄가 실패했음을 인정해야 한다. 마치 북한이 곧 붕괴할 것처럼 말하는 사람도 있으나, 희망과 현실은 다르다.

북한의 붕괴라는 개념조차 정립되어 있지 않다. 그것은 일당

한반도는 독일과 달리 남과 북 사이에 내전이 있었다.
잔혹한 살상이 있었다. 따라서 남과 북의 통일은
더욱 신중하며, 매우 평화적이며, 아주 장기적이어야
한다. 그러므로 개성공단이 필요했던 것이다.
그리고 지금도 매우 필요하다. 북한 사람 2,500만 명이
한국을 대안으로 생각할 정도로 한국의 경제질서가
더 성숙해야 한다. 그리고 개성공단을 통해 이 성숙한
경제질서를 북한 사람들이 접촉할 수 있어야 한다.
이 과정에서 한국도 북한 사람들을 배워야 한다.

독재의 종식을 의미하는가? 만일 그렇다면 이 과정에서 북한에 사는 약 2,500만 명의 사람들은 어떤 역할을 하는가? 그들은 다른 정당에 투표를 함으로써 일당독재를 종식시키는가? 북한에는 인구수로 세계 50위의 사람들이 살고 있다. 정부가 스스로 북한 붕괴 정책을 추진하려고 한다면, 북한 사람들이 어떤 역할을 할 것인지에 대한 대책을 가지고 있어야 한다. 그러나 나는 이를 들어 보지 못했다.

북한 붕괴를 추진하자고 하는 사람들은 북한 사람들을 메시아를 기다리는 지하교인으로 볼 뿐이다. 2,500만 명의 지하교인이라는 것은 얼마나 관념적인가? 1970년 3월 19일, 통일 전 동독을 처음 방문한 구 서독 총리 빌리 브란트의 숙소 앞에 수만 명의 동독 사람들이 운집했다. 동독 경찰이 제지했지만 그들은 "빌리!" "빌리!"를 목이 터져라 외쳤다. 브란트는 환영 인파를 진정시키기 위해 숙소 창문을 열고 두 팔을 올리고 내리는 동작을 해야 했다. 사실상 이때 독일의 통일은 시작됐다.

한반도는 독일과 달리 남과 북 사이에 내전이 있었다. 잔혹한 살상이 있었다. 따라서 남과 북의 통일은 더욱 신중하며, 매우 평화적이며, 아주 장기적이어야 한다. 그러므로 개성공단이 필요했던 것이다. 그리고 지금도 매우 필요하다. 북한 사람 2,500만 명이 한국을 대안으로 생각할 정도로 한국의 경제질서가 더 성숙해야 한다. 그리고 개성공단을 통해 이 성숙한 경제질서를 북한 사람들이 접촉할 수 있어야 한다. 이 과정에서 한국도 북한 사람들을 배워야 한다. 이것이 뜨거웠던 여름, 대법원이 인정한 개성공단의 가치다. 개성공단 가동 재개 외에 다른 대안은 없다.

— 경향신문 2016. 9. 7.

목을 쳐야 하는
대한민국은 없다

일본이 일본에서 사는 한국인을 위해 만든 법이 있다. '일본 외 출신자에 대한 부당한 차별적 언동의 해소를 향한 대응 추진에 관한 법률'이라는 긴 이름의 법이다. 약칭 '헤이트 스피치 대책법'이라고 부른다. 그동안 일본의 극우 세력은 재일 한국인을 향해 "바퀴벌레를 내쫓아라", "좋은 한국인이든, 나쁜 한국인이든 모두 죽여라"라는 증오 발언을 자행했다.

증오 발언은 재일 한국인을 일본 사회에서 배제하고 차별할 목적에서 치밀하게 계산된 것이다. 그래서 일본 국회는 증오 발언이 피해자에게 고통을 주는 것을 넘어 일본 사회를 찢어버리는 해로운 것이라고 규정했다. 그리고 국가와 지방자치단체에 그 해소를 위한 조치와 시책을 추진할 의무를 부과했다. 비록 형사 처벌 조항은 없지만 공공영역에서 교육과 지원 그리고 사전적 규제를 의무화했다. 이처럼 일본 사회는 증오 발언의 사회적 해악에 인식을 같이했다.

지난 24일, 서울 서초구의 박영수 특검 집 앞에서 열린 집회 연설에서 "목을 쳐야 한다"는 공개 발언이 있었다고 한다. 대한민국 공동체에 해악을 끼치는 극단적 증오 발언이다. 대한민국은 인간의 존엄성을 터전으로 섰다. 그리고 자유롭고 공정한 민주주의 국가라는 자기 정체성을 가지고 있다. 국민들은 국기에 대한 맹세에서 '자유롭고 정의로운 대한민국'을 위해 헌신할 것을 다짐한다. 공개 집회 연설에서 목을 쳐야 한다고 발언하는 것은 인간의 존엄성과 대한민국의 정체성을 부인하는 것이다. 목을 쳐야 하는 대한민국은 없다. 그러한 발언에 대해서는 건전한 상식을 가진 시민들이 강력히 맞서야 한다.

목을 치자는 공개 발언은 국가 안보를 매우 위태롭게 한다. 대한민국은 정체성을 지킬 주권이 있는데 그 힘은 국민에게서 나온다. 국민이 지키지 않으면 주권은 바로 쓰러질 고목에 지나지 않는다. 그래서 국민통합이 곧 안보이다. 국민을 분열시키고, 일부를 배제하고, 차별하는 행위야말로 안보의 적이다.

이번 발언은 우발적이지 않다. 국민의 일부를 '비국민'으로 만들어 사회에서 배제하고 차별하고 억압하고 제거하는 것은 식민지 잔재이다. 일본 제국주의자들은 조선인을 '불령선인'으로 낙인찍어 조선 사회에서 배제시키고 처단했다. 식민지였으므로 조선 사람들이 스스로 국회에서 법률을 만들어 '불령선인

공개 집회 연설에서 목을 쳐야 한다고 발언하는 것은
인간의 존엄성과 대한민국의 정체성을 부인하는 것이다.
목을 쳐야 하는 대한민국은 없다. 그러한 발언에 대해서는
건전한 상식을 가진 시민들이 강력히 맞서야 한다.

법'을 제정한 것이 아님은 당연하다. 일본 제국주의에 의하여 삼천리 방방곡곡의 지역 사회는 갈기갈기 찢겼다. 공포와 분열의 시대였다. 한 사회가 내부 구성원의 일부를 비구성원화하고 처단하는 처참한 역사였다. 또 한국전쟁 시기의 한반도 전역에서 자행된 학살은 참혹했다.

2017년 지금, 대한민국 공동체의 일부를 비국민화하려는 그 어떠한 시도도 용납해서는 안 된다. 형법상 협박죄에 이를 만한 증오 발언에 대해서는 입건해서 수사해야 한다. 협박죄는 협박 상대방이 된 사람으로 하여금 공포심을 일으키기에 충분한 정도의 해악을 고지하면 성립한다.

그리고 더 늦기 전에, 최소한 일본이 재일 한국인을 위하여 그랬듯이 내부 구성원을 배제하고 차별하는 증오 발언이 얼마나 사회 통합에 해로운지, 이른바 보수와 진보를 떠나 공통으로 인식해야 한다. 증오 발언 대책법을 제정해서 증오 발언 문제를 해결하는 것을 국가와 지방자치단체의 중요 과제로 인식해야 한다.

더 근본적으로 남과 북은 사형제를 동시에 폐지해야 한다. 일본 식민지와 한국전쟁을 겪으면서 형성된 비국민화에 대한 트라우마가 아직 크다. '불령선인화'와 '비국민화'가 곧 죽음이요 학살이었던 고통이 너무 처참했다. 이를 해결하지 않고선 인간의 존엄성에 기초한 정치공동체를 한반도에서 뿌리내리기는 매우 어렵다.

이제 더 이상 국가 또는 그 아류로부터 죽임을 당하지 않는 곳이 되어야 한다. 이런 안도와 안심의 메시지를, 남과 북 모든 생명체의 저 깊은 무의식의 세계로 송신해야 한다.

— 경향신문 2017. 2. 27.

북한 휴대전화 사용자
324만 명

북한의 밑바닥에서 도도히 흐르는, 거스를 수 없는 흐름이 있다. 장마당 시대에 자유롭게 돈을 벌며 살게 해 달라는 요구이다. 이는 사람살이의 보편적 요구이다. 나는 이를 법치의 요구라고 부르고 싶다. 북한은 법치의 문턱 바로 앞에 서 있다. 이 요구에 응하여 협력하는 것이 한반도 평화에 매우 중요하다. 당면한 과제가 개성공단 재개와 나선경제특구의 국제화이다.

북한에 법치가 가능하냐고 혹자는 반문할 것이다. 북한의 법치는 필요하고 또한 가능하다. 북한을 떠나온 사람들이 한결같이 전하는 말은 북한 사람들이 더 이상 일상생활에 필요한 의식주 등을 배급으로 해결하지 않는다는 점이다. 북한 연구자들은 종합시장인 장마당을 비롯해 골목시장, 야시장 등 시장이 북한 사람들의 생활 수요의 80% 이상을 해결한다고 분석한다.

어떤 연구자는 90% 이상일 것이라고 추정하기도 한다.

그러나 2010년에 제정한 '조선민주주의인민공화국 기업소법'에 의하면 기업소, 즉 회사를 만들 수 있는 곳은 행정기관이나 인민위원회 등이다. 개인은 기업을 만들 수 없다. 그러나 지금 북한에서는 이미 수많은 사람들이 사실상 회사 조직을 만들어 생활 필수품을 만들고 판매한다. 그리고 사람들의 생활 경제를 해결한다.

이와 같이 장마당 경제와 북한 실정법이 서로 어긋나는 현실은 계속될 수 없다. 북한의 장마당 경제가 커지면 커질수록 북한 사람들에게는 더 많은 자유가 필요하다. 소유권이 확립되지 않는다면 누가 장사를 하겠는가? 거주 이전의 자유가 없는 상업 발전을 상상할 수 있을까? 신체의 자유는 또 어떠한가? 상업이 발달할수록 신체의 자유가 필수적이다. 열심히 영업 활동을 하는 사람들이 함부로 잡히고 갇힌다면 상업이 발달할 수 없다. 법률에 처벌할 수 있는 죄목을 미리 정해 놓고, 이를 어기지 않는 한 국가로부터 처벌받는 일은 없어야 한다. 이를 '죄형법정주의'라고 한다.

북한의 법치는 가능하다. 법치의 바다를 건널 것이다. 북한은 경제발전을 위한 법제 변화를 가장 먼저 선택할 것이다. 이 과정에서 한국은 개성공단을 포함한 나선경제특구 등을 통해 북한에 경제 발전을 위한 법제도 도입의 선택 폭을 넓혀 줄 필요가 있다. 북한의 선택이 체계적이고 합리적인 쪽으로 되도록 북한의 법치는 가능하다. 법치의 바다를 건널 것이다.
북한은 경제발전을 위한 법제 변화를 가장 먼저
선택할 것이다. 이 과정에서 한국은 개성공단을 포함한
나선경제특구 등을 통해 북한에 경제 발전을 위한
법제도 도입의 선택 폭을 넓혀 줄 필요가 있다.
북한의 선택이 체계적이고 합리적인 쪽으로 되도록
협력하는 것이 지금의 남북관계에서 매우 중요하다.
이를 '북한법제 발전론'이라고 부를 수 있다.

협력하는 것이 지금의 남북관계에서 매우 중요하다. 이를 '북한법제 발전론'이라고 부를 수 있다.

햇볕정책의 의의를 인식하면서도 이제 그 한계를 넘어서야 한다. 햇볕정책의 결과가 핵무기 개발이냐는 일부의 반문은 무지의 소산이다. 국제원자력기구가 북한이 이곳에서 플루토늄을 생산해서 숨겼다는 의혹을 조사하기 위해 특별 사찰을 북한에 요구한 때는 이미 1992년이었다. 햇볕정책은 북한 핵개발의 원인이 아니다.

햇볕정책의 한계를 극복해야 한다. 북한과의 경제교류협력이 늘어난다고 하여 저절로 북한의 변화가 오는 것은 아니다. 햇볕정책은 남북경제협력이 북한의 변화를 구체적으로 실현시키고 매개하는 중간고리인 법치 발전 부문의 중요성을 소홀히 했다.

법치의 바다를 건너야 하는 북한은 경제발전을 위한 법제 변화를 가장 먼저 선택할 것이다. 이 과정에서 한국은 개성공단과 나선경제특구 등에서 북한에 경제 발전을 위한 법제도 도입선택 폭을 넓혀 줄 필요가 있다. 북한의 선택이 더 체계적이고 합리적인 쪽으로 되도록 협력하는 것이 매우 중요하다.

햇볕정책의 한계를 넘어 북한과의 경제 협력 교류에서 북한법치 변화에 대한 계획성 있는 접근이 필요하다. 북한 내부의법치 요구에 터 잡아 북한의 단계적이고 자발적인 선택에 협력하는 체계적인 과정이 필요하다.

당면 과제는 개성공단을 다시 여는 것이다. 개성공단은 유엔 제재 속에서도 가능하다. 우리의 의지 문제이다. 그리고 나선 경제특구의 국제화이다. 북·중·러 주도에 머물지 않고 미국과 일본도 참여하도록 한국이 적극 나서야 한다. 신냉전을 허무는 법치와 평화의 공간을 만들어야 한다.

통계청 자료에 의하면 2015년 기준 북한의 휴대전화 가입자는 324만 명에 이르렀다. 아직 휴대전화가 없는 약 2,000만 명의 북한 사람들이 원하는 것이 무엇인지 생각해야 한다.

— 경향신문 2017. 7. 17.

가습기 살균제 참사,
국가가 사과해야

옥시는 나쁘다. 목숨을 잃은 피해자들이 가장 많이 사용한 제품이 옥시였다. 그러나 가습기 살균제 참사는 옥시라는 기업 단위의 문제가 아니다.

보건복지부 질병관리본부의 『가습기 살균제 참사 백서』에 의하면, 옥시의 가습기 살균제에는 사람의 생명을 앗아간 유독물이 있었다. 'PHMG 인산염'이라는 화학물질이다. 이것이 사람을 죽였다고 한다.

그런데 이 물질은 어떻게 사람들의 삶에 침투했을까? 유공(현 SK케미컬)의 대표이사 조규향은 지난 1996년 12월 30일 이 유독물 제조를 위해 환경부 장관에게 '화학물질 제조 신고서'를 제출했다. 수수료는 5만 원이었다. 한국이 경제개발협력기구OECD에 가입했다고 김영삼 정부가 자랑하던 때였다.

유공의 이 절차는 당시의 유해화학물질관리법에 따른 절차였다. 이 법의 목적은 "화학물질로 인한 국민 건강상의 위해를 예방"하는 데에 있었다. 그래서 새로운 화학물질을 제조하려는 경우 반드시 환경부의 유해성 심사를 받도록 했다. 그리고 심사 신청서에는 반드시 화학물질의 "주요 용도"를 "일반적인 용도와 구체적 사용 예"로 적도록 했다.

당시 유공은 옥시 가습기 살균제 유독물의 주요 용도를 뭐라고 신고했을까? "사용 용도 : 항균제로서 항균 카페트 등의 첨가제로 첨가된다"고 썼다. 만일 환경부가 이 유독물을 유독물이라고 판단하였다면 이 물질은 죄 없는 어린아이들과 산모들의 폐로 들어가지 못했을 것이다. 그러나 국립환경과학원 화학물질 평가팀의 국회 제출 자료에 의하면, 대한민국 환경부 장관은 1997년 2월에 유공에게 유독물에 해당하지 않는다고 심사 결과를 통지했다. 그리고 그 결과를 법령에 따라 1997년 3월 15일자 대한민국 관보 제13559호에 "유독물에 해당하지 않음"이라고 고시했다.

이로써 이 유독물은 대한민국의 안전성 규제를 통과해서 시장에 진입했다. 강조하지만 만일 이 물질을 유독물로만 판단했어도 무고한 아이들과 산모들은, 보건복지부의 백서에서와 같이 옥시 제품 때문에 죽지는 않았을 것이다.

보건복지부 질병관리본부는 2014년 12월 『가습기 살균제 건강 피해 백서』라는 것을 발표했다. 이 백서는 이렇게 묻는다. "21

세기 한국에서 이런 비극을 막을 수 있는 법제도가 없었던 것인가.”(180쪽)

타당한 질문이다. 그러나 보건복지부가 냈다는 이 백서는 놀랍게도 옥시 가습기 살균제 유독물질, PHMG가 “유해성 심사 대상 물질이었나?”라고 물은 후, 대상 물질에 해당하지 않았기 때문에 “어떠한 안전성 평가도 받지 않았다”고 기술한다.(186쪽) 그러면서 “만약 PHMG에 대한 안전성 평가가 이루어졌다면 어땠을까?”라고 자문하면서 “최소한 가습기 살균제 성분으로 사용, 판매하기는 어려웠을 것이다”라고 강조한다.(186쪽)

그러나 이 백서가 나오기 석 달 전인 2014년 9월 30일, 국립환경과학원 화학물질 평가팀은 국회에 낸 제출 자료에서 PHMG가 “유해성 심사 대상에 해당”한다고 답변했다. 그리고 “(심사 결과) 유독물에 해당되지 않음(1997년 2월 통지). 접수일 : 1996년 12월 30일, 고시일 : 1997년 3월 15일(제1997-23호)”라고 밝혔다. 그리고 유공이 제출한 신규화학물질등록을 위한 제조 신고서의 물질 명칭도 PHMG, 즉 “Polyguanidine phosphate hexamethylene”로 되어 있다.

보건복지부의 『가습기 살균제 건강 피해 백서』의 내용을 따지는 것은 이 글의 쟁점이 아니다. 중요한 것은 보건복지부가 만약 PHMG에 대한 안전성 평가가 이루어졌다면 가습기 살균제 성분으로 사용하기는 어려웠을 것이라고 서술한 점이다. 보건복지부의 백서는 역설적으로 PHMG가 1997년에 대한민국의 안전성 평가 제도를 뚫고 시장에 진입한 것 자체가 얼마나 충격적이며 있을 수 없는 일인지를 웅변한다.

나는 검찰에 요구한다. PHMG가 1997년에 대한민국의 관보에 "유독물에 해당하지 않음"이라고 고시된 경위를 수사해야 한다.

이 점에 대해 환경부는 유공이 "항균 카페트 등의 첨가제"로 사용한다고 심사를 신청했기 때문이라고 변명했다. 그러나 당시의 국립환경과학원 고시 '화학물질의 유해성 심사 등에 관한 규정'은 장·단기적으로 피부와 접촉하거나 흡입될 가능성이 큰 화학물질에 대해서는 추가 자료를 요구하도록 했다. 정부가 과연 이러한 추가 자료를 유공에게 요구했는지를 수사해야 한다.

그리고 위 규정은 용도만이 아니라 "물리 화학적 성질"에 의해서도 주 노출 경로가 흡입으로 판단되는 경우에도 급성 독성에 대한 시험 성적서를 심사 신청 시 제출하도록 했다. 이러한 급성 독성 시험 성적서의 제출을 유공에게 요구했는지 수사해야 한다.

비극은 이러한 독성 시험이 아이들과 산모들이 생명을 잃은 후에야 이루어져다는 사실이다. PHMG는 2012년 9월에서야 유독물로 지정되었다. 대한민국의 관보에 유독물이 아니라고 고시된 지 15년이 지나서였다. 그리고 2001년에 옥시 가습기 살균제가 출시된 지 11년이 지나서였다.

한 기업의 악덕과 국가의 실패를 냉정하게
구별해야 한다. 경제를 인권의 윗자리에 떠받드는
국가의 작동 방식을 고치지 않는 한 제2, 제3의 옥시가
우리와 우리의 가족을 기다릴 것이다.

검찰은 유공이 정말로 PHMG를 항균 카페트 등의 첨가제로 생산했는지, 아니면 처음부터 가습기 살균제 용도로 만든 것인지 수사해야 한다. 항균 카페트 등의 첨가제로 심사를 받고 생산한 PHMG를 어떻게 옥시에 가습기 살균제 용도로 판매할 수 있었는지 수사해야 한다.

아이들과 산모들이 죽는 동안 도대체 국가는 무엇을 했나? 당시의 유해화학물질관리법은 "국가는 유해화학물질이 국민 건강 및 환경에 미치는 영향을 항시 파악해야 한다"고 규정했다.(7조 1항) 이렇게 명백한 근거 규정이 있는데도, 국가는 시민이 죽는 순간에도 아무런 일을 하지 않았다.

청와대에서 한국이 OECD에 가입했다고 샴페인을 터뜨리던 시간에 가습기 살균제 참사는 이미 시작되었다. 한 기업의 악덕과 국가의 실패를 냉정하게 구별해야 한다. 경제를 인권의 윗자리에 떠받드는 국가의 작동 방식을 고치지 않는 한 제2, 제3의 옥시가 우리와 우리의 가족을 기다릴 것이다.

— 프레시안 2016. 4. 28.

김앤장과
규제개혁위원회

'규제개혁위원회'라는 정부기관이 있다. 흡연경고 그림을 담뱃갑 상단에 붙이는 데 제동을 걸었던 곳이다. 왜 그렇게 국민건강 문제를 다뤘을까? 궁금했다. 지난 4월 22일자 경고 그림 부착 반대 회의 기록을 정보공개 청구했다. 회의록을 보니 여러 궁금증이 생겼다. 그 하나가 출석위원을 적는 난에 "민간 위원장은 회피"라고 쓴 부분이다. 이렇게 중요한 회의에 왜 위원장이 참석하지 않았을까?

위원장이 임명될 때 규개위가 낸 보도자료를 보니 그는 당시 김앤장 상임고문이었다. 그리고 김앤장의 홈페이지에는 그가 여전히 고문으로 올라 있다. 게다가 김앤장은 그를 '규제개혁위원회 민간 위원장(2014년 7월부터 현재)'이라고 알리고 있다. 그가 회의 참석을 회피한 이유는 김앤장이 국민건강보험공단과 담배회사의 소송에서 담배회사를 대리하기 때문이라고 보도에 나왔다. 그의 불참은 타당한 결정이다. 그러나 묻는다. 김앤장의 상임고문이 규개위 위원장을 맡아도 되는가?

규개위의 권한은 막강하다. 담배만 문제가 아니다. 시민의 안전과 건강, 그리고 생활 전반에 직결되는 공공행정과 아주 밀접하다. 중앙행정기관의 장은 규제를 신설하거나 강화하려면 규개위에 심사를 요청해야 한다. 그저 행정부 차원만이 아니라, 정부가 국회에 제출할 법률안조차도 그 심사대상이다. 행정입법이 압도적인 현실에서 사실상 규개위는 법률안에 대한 사전 검토권도 가지고 있는 것이다.

규개위는 심사를 해서 규제의 신설 또는 강화를 철회·개선하도록 권고할 수 있다. 그런데 그저 권고에 그치지 않는다. 권고를 받은 장관은 특별한 사유가 없으면 이에 따라야 한다고 법에 정해져 있다. 사실상 규개위의 결정에 장관이 따라야 하는 것이다.

이렇게 강력한 규개위 위원장을 김앤장 상임고문이 맡아도 되는가? 법률회사는 변호사법에 따른 영업을 하는 곳이다. 변호사 업무의 특성은 그의 사적 의뢰인의 이익과 이해관계를 최대한 지키는 것이다. 김앤장은 산업 전 분야에 걸쳐 주요 기업의 일을 맡아 하거나 할 수 있는 곳이다. 규개위가 심의하는 공공행정 가운데 이번의 담배 한 건에만 김앤장이 관련됐을까? 그렇지 않을 것이다.

김앤장이 대리한다는 옥시의 가습기 살균제 참사의 본질은 무엇인가? 국민의 건강과 안전에 직결된 정부 역할이 제자리를 잡지 않으면 억울한 시민이 희생자가 된다. 환경부는 1997년 3월 15일에 옥시 가습기 살균제 성분PHMG을 "유독물에 해당 안 됨"이라고 국민이 보는 관보에 고시했다.(관보 제13559호 31쪽) 그 결과 이 성분은 산업에 진입했다. 만일 이때 환경부가 유독물이라고 심사했다면, 적어도 이 성분으로 인한 사망은 없었을 것이다.

그러나 환경부는 2012년 9월 5일에야 "유독물에 해당함", "반복 노출되면 폐 손상을 일으킴"이라고 관보에 실었다.(관보 제17840호 296쪽) 고작 정부의 역할이 갓난아이와 산모와 환자들의 귀한 생명이 희생된 뒤에야 뒤늦게 관보에 싣는 것이라면 이를 어찌 정부라 할 수 있는가? 왜 이렇게 되었는가? 나라의 자원을 더 많이 시민의 생명과 건강을 지키는 곳에 분배해야 한다. 시민의 생명과 건강을 지키도록 꼼꼼한 행정 법령을 만들어야 한다. 법치행정의 원칙에서는 법령의 꼼꼼한 뒷받침이 가장 중요하다. 돈도 법령이 있어야 좇아간다. 그러나 규개위는 이를 "규제"라고 부르고, 그 "신설"과 "강화"를 제어하는 선발대 역할을 한다. 그리고 그 위원장을 기업들의 이해관계가 몰리는 김앤장 상임고문이 맡고 있다.

만일 김앤장 상임고문을 계속하려면 규개위 위원장에서 사임하는 것이 맞다. 김앤장만의 문제가 아니다. 가습기 살균제 사건은 우연히 일어나지 않았다. 규제개혁위원회 폐지법을 만들 때가 됐다. 행정부의 모든 법령은 국회가 만든 법률에 뿌리가 있다. 행정 법령 위에는 국회가 있어야지 규개위가 국회를 대신해서는 안 된다. 특정 행정기관에 행정 법령 전반을 통제하도록 하는 것은 위험하다.

— 경향신문 2016. 5. 16.

05

사드 반입,
한국의 결정권은
어디까지인가?

사드(고고도 미사일 방어체계) 배치 문제는 온통 안개 속이다. 도대체 지금 무엇이 문제인지조차 알 수 없다. 지금의 사드 문제는 주한미군이 사드를 반입해 주한미군 기지에서 운용하려고 하는데 이를 용인할 것인가, 아닌가의 문제인가? 만일 이 차원의 문제라면 미국은 한미 상호 방위조약과 주한미군 지위협정에 따른 장비 반입권을 행사하는 것이다. 그리고 이 경우라면, 한국은 주한미군의 반입 결정을 거부할 국제법적 권한이 없는 것이 현실이다.

그런데 지금의 사드 논란이 이것이 아니라, 미국이 한국에게 사드를 구입해 달라고 요구하는 문제인가? 그렇다면 사드가 한국 안보에 필요한 것인지와 막대한 재정을 사용할 것인지를 놓고 정부와 국회가 도입 여부 자체를 결정하면 된다.

지금의 사드 논란은 이 둘 중 어느 것인가? 이 두 문제도 모두 아닌가? 세 번째 상황으로, 미국은 주한미군이 사드를 반입하되, 그 부지와 운용비용을 한국이 방위비 분담을 통해 실질적으로 해결해 주기를 원하는가? 만일 이 경우라면 한국은 사드 배치에 대한 결정권은 없이 방위비 분담 증액 여부만을 결정해야 한다. 더욱이 한국의 방위비 분담 증액은 국회가 이미 제9차 방위비 분담 특별협정SMA에서 2018년까지의 방위비 분담을 결정한 것을 변경해야만 가능하다.

도대체 지금의 사드 논란은 이 중 어느 문제인가? 박근혜 정부는 최소한 지금의 사드 문제가 어느 지점에서 생긴 것인지에 대해서는 국민에게 밝혀야 한다. 그래야 국민이 문제의 핵심을 이해할 수 있다. 합리적 여론 형성이 가능하다.

사드 문제는 한국 법치주의의 중대한 문제이다. 주한미군이 사드를 반입하려는 것이든, 아니면 미국이 한국군에게 팔려는 것이든, 사드가 배치되는 것 자체가 국민에게 중대하다. 그러므로 사드 배치에도 법치주의를 적용해야 한다.

법치주의는 국민이 법률을 통해 국민주권을 실현하는 방식이다. 군사 안보가 한국 국민에게 중요할수록 군사 안보 법치주의를 실현해야 한다. 사드도 주한미군도, 한국의 법치주의와 민주주의의 통제 안에 있어야 한다.

사드 논란이 군사 안보 분야에서의 법치주의를 제대로 세우는 중요한 계기가 되어야 한다. 한미 상호 방위조약과 주한미군 지위협정에서 주한미군의 장비 배치권을 적절하게 재검토해야 한다. 특히 주한미군법을 제정해서 사드 논란의 진원지인 주한미군에 대해 한국의 법치주의를 적용하는 것이 필요하다.

한국과 미국 사이에는 상호 방위조약과 주한미군 지위협정이 있다. 그리고 미군 유지 경비를 모두 미국이 부담하기로 규정한 상호 방위조약에 대한 예외 협정의 성격으로 방위비 분담 특별협정도 있다. 또 주한미군 기지 재배치를 위한 토지관리계획협정도 존재한다.

그러나 사드 논란에서 알 수 있듯이, 한국은 주한미군의 무기 장비 반입 차원에 대해서는 이를 결정할 국제법적 권한이 없다.(한미행정협정SOFA 제9조)

주한미군의 존재 목적에 중대한 변경을 가한 이른바 '전략적 유연성'도, 그리고 전시 작전권 환수 연기라는 중대한 주권의 문제도, 모두 국회의 민주적 통제가 없었다. 애초 전시 작전권 이양의 1954년도 합의의사록과 한미연합사 설치의 1978년도 교환각서도 장관들의 손에서 처리되었다.

주한미군이 한국 안보에 중요할수록, 주한미군법의 제정이 필요하다. 주한미군은 단지 국제법적 차원만의 문제가 아니다. 주한미군의 역할을 어떠한 기준에서 평가하고 점검할 것인지, 장기적으로 그 주둔에 대해 어떠한 국가 계획을 가질 것인지는 한미 간 조약만의 문제가 아니다. 우리 내부의 법치주의와 민주주의의 문제이다. 한국 내부의 토론과 합리적 여론 형성을

법치주의는 국민이 법률을 통해 국민주권을
실현하는 방식이다. 군사 안보가 한국 국민에게
중요할수록 군사 안보 법치주의를 실현해야 한다.
사드도 주한미군도, 한국의 법치주의와 민주주의의
통제 안에 있어야 한다.

넓혀야 한다. 우리 일을 남에게 맡길 수 없다.

— 프레시안 2015. 3. 20.

사드 배치 약정서 체결,
법적 절차를 묻는다

지난 4일 국방부는 주한미군과 사드 배치 협의 한미 공동실무단 약정서를 체결했다. 사드 배치는 매우 중대하고 민감한 문제이다. 과연 사드 배치가 안보에 필요한 것인지, 남북한의 군비 감축과 평화에 이바지하는지 정확한 정보와 토론이 필요하다.

사드를 배치한다는 결정을 할 권리가 누구에게 있으며, 이 과정에서 한국의 주권은 어떠한 상태에 있는지는 국내법으로나 국제법으로나 매우 중요한 문제이다. 무엇보다도 찬반론 못지않게 그 진행 과정도 헌법과 법률이 정한 법적 절차에 따라야 한다.

사드 배치를 지금의 주한미군 부대가 아니라 새로이 배치 지역을 정해 그곳에 배치한다면 당장 토지 소유자의 소유권을 수용 박탈해야 한다. 그리고 인근 주민에게 전자파 등 환경 피해를 입힌다. 헌법은 이와 같은 재산과 기본권 침해는 반드시 법률에 근거하고 법적 절차에 따라야 한다고 정했다. 그렇다면 지금 국방부는 어떠한 법률에 근거해서 사드 배치를 미국과 협의하고 미국과 약정서를 체결했는가?

사드 배치를 위해 토지 소유자의 토지를 수용하려면 막대한 토지수용 보상금을 예산으로 지출해야 한다. 그러므로 만일 한국이 미국에게 사드를 배치할 배치 지역을 제공하겠다고 약정한다면 이는 헌법에 따라 국회의 동의를 받아야 한다.

아무리 주한미군 지위조약(소파 협정)이 주한미군에 필요한 '시설과 구역'의 사용을 제공한다고 정했더라도 여기에는 어디까지나 한미 상호 방위조약 제4조에 따른다는 단서가 있다. 그러므로 대한민국 국회는 과연 사드 배치가 한미 상호 방위조약 제4조에 따른 것인지 심의할 권리가 있다.

그리고 배치 지역의 결정에서도 한국의 법률에 따라 시민의 참여를 보장해야 한다. 사드 배치는 '국방 군사시설 사업에 관한 법률' 2조 2호의 "대한민국 주둔 외국군대의 부대시설 설치 사업"에 해당한다. 위 법률 4조 3항은 사드 배치와 같이 "토지 등의 수용 또는 사용에 관한 내용을 포함하는 사업계획"을 승인하려는 경우에는 "대통령령으로 정하는 바에 따라 사업계획을 공고하여 사업예정 지역의 토지 소유자 및 이해관계인의 의견을 듣고, 관계 중앙행정기관의 장 및 지방자치단체의 장과 협의하여야 한다"고 정했다.

그러므로 한국 정부가 만약 일방적으로 미국과 배치 지역 약정서를 체결한다면 이는 위 법률에서 미리 토지 소유자와 주민 의견을 듣도록 한 조항을 위반한 것이다.

이와 같은 여러 중요한 쟁점이 있는 상황에서 국방부가 주한미군과 체결한 공동실무단 약정서에는 무슨 내용이 있는가? 사드 배치를 전제로 하여 개개 시설과 구역specific facilities and areas을 미국이 제공받기 위한 협의 절차 규정인가?

만일 약정서에 사드를 배치하기로 한다는 내용이 들어있다면 정부는 약정서를 국회에 보내야 한다. 국회의 심의와 동의를 받기 전에는 약정을 집행해서는 안 된다. 배치 지역 예정지를 미국과 협의하거나 합의해서는 안 된다. 그리고 만일 약정서에 배치 지역을 결정하는 절차 규정이 있다면 여기에는 반드시 한국 법률에 따라 그러한 절차에서 해당 지역 시민의 의견 제출을 보장해야 한다.

국방 안보는 법치주의의 예외가 아니다. 헌법과 법률의 법적 절차에 따라 시민의 권리를 보장해야 한다. 주한미군 지위조약(소파 협정)도 주한미군은 한국 안에서 한국의 법령을 존중하라고 했다.(제7조) 약정서의 내용을 전면 공개하는 것이, 사드 배치 문제에서 법치주의가 살아 있음을 보여 주는 열쇠이다.

— 프레시안 2016. 3. 8.

'사드 배치 약정'
비밀주의

    사드는 어떤 상태인가? 군사적 효용이 있는지, 전자파는 안전한지의 핵심적 질문에 평범한 시민이 바로 답하기는 어렵다. 문제는 정확한 정보다. 사드는 군인들만의 문제가 아니다. 만약 배치를 한다면, 배치 지역 시민 삶의 문제가 된다. 나아가 경제 전반에 큰 영향을 줄 것이다. 그러므로 시민들은 사드 정보를 정확하게 알 권리가 있다.

    지금까지 알려진 유일한 내용은 지난 2월 7일 미국과 사드 배치를 위한 실무협의를 개시한다고 공식 선언한 사실이다. 이후 2월 23일에 주한미군과 배치 협의 공동실무단 운용 약정이라는 문서를 체결했다. 이 약정서의 내용은 대체 무엇인가? 사드 배치를 전제로 배치 지역을 공동으로 찾는다는 것인가? 만일 그렇다면 사드 배치 여부를 결정할 기준은 무엇인가?

나는 법률 직업에 종사하는 사람으로서 배치 실무단 약정서의 법적 성격이 참으로 궁금하다. 이를 체결했으니 한국은 미국에 어떤 국제법적 의무를 지게 되는 것인가? 그래서 국방부에 물어보았으나 벽에 부딪혔다. 국방부는 17일에 사드 배치 실무단 약정서가 '한미 2급 비밀'이라며 공개 거부 결정을 내렸다.

배치 실무단 약정서가 '한미 2급 비밀'이라는 것이 처음 밝혀졌다. 원래 2급 비밀은 '보안 업무 규정'에 "누설될 경우 국가안전보장에 막대한 지장을 끼칠 우려가 있는 비밀"을 말한다. 그렇다면 도대체 사드 배치 약정서에 어떤 내용이 있기에, 공개하면 국가안보에 막대한 지장을 끼칠 우려가 있다는 것일까? 그동안 2급 비밀이라고 알려진 문서는 2007년 남북정상회담 회의록과 한미 군사작전계획 등이었다.

만약 지금의 주한미군 부대가 아니라 새로이 사드 배치 지역을 정한다면 해당 지역 토지 소유자의 소유권을 수용 박탈해야 한다. 그리고 인근 주민에게 전자파 등 환경 피해를 끼치게 될 것이다. 막대한 토지수용 보상금을 예산으로 지출해야 한다. 헌법은 이와 같은 재산과 기본권 침해는 반드시 법률에 근거하고 법적 절차에 따라야 한다고 정했다. 그리고 재정 지출이 따르는 조약 체결은 국회의 사전 동의를 받아 비준하도록 했다. 만일 배치 실무단 약정서에 새로운 장소에 사드 배치를 한다는 내용이 있다면 국회의 동의를 받기 전에는 법적 효력이 없다. 최소한 국방부는 시민에게 이 내용을 알려야 한다. 한미 주둔군 지위협정SOFA이 주한미군에 필요한 '시설과 구역'을 제공한다고 정했더라도 여기에는 어디까지나 한미 상호 방위조약 제4조에 따른다는 단서가 있다. 국회는 사드 배치가 한미 상호 방위조약 제4조에 따른 것인지 심의할 권리가 있다. 그리고 배치 예정지 시민들의 사전 절차 참여권은 법적 권리이다. 사드 배치는 '국방 군사시설 사업에 관한 법률' 2조 2호의 "대한민국 주둔 외국군대의 부대시설 설치사업"에 해당한다. 이러한 설치 사업을 국방부가 승인하려는 경우에는 사전에 사업계획을 공고해 예정지역 토지 소유자의 의견을 들어야 한다.

그러므로 한국 정부는 주한미군에 배치 지역 합의를 해주기 전에 해당 지역 시민의 의견 제출 기회를 보장해야 한다. 또 국방부 장관에게 요구한다. 만일 사드 배치 실무단 약정서에 사드를 배치하기로 한다는 내용이 들어 있다면, 정부는 약정서를 국회에 보내야 한다. 국회의 심의와 동의를 받기 전에는 약정을 집행해서는 안 된다. 배치 지역 예정지를 미국과 협의하거나 합의해서는 안 된다. 시민은 삶에 중요한 문제에 대해 정확히 알아야 한다.

사드는 법치주의의 예외가 아니다. 헌법과 법률의 법적 절차에 따라 시민의 권리를 보장해야 한다. 사드가 안보에 필요하다고 결정을 내릴 수도 있다. 그러나 잘된 결정이 되려면, 관련 정보를 시민에게 알려야 한다. 그래야 합리적 여론 형성이 가능하다. 시민이 법적 근거와 절차에 따라 군인을 통제할 수 있다. 사드 배치 실무단 약정서를 공개해야 한다.

— 경향신문 2016. 3. 21.

김정은의 핵과
트럼프의 핵

    스노든의 폭로로 많이 알려진 『인터셉트』는 지난 4일에 중국이 APIC라는 서류상 회사를 통해 젭 부시 미국 공화당 대통령 후보 경선 출마자에게 130만 달러를 기부했다고 보도했다. 미국에는 '슈퍼 팩'이라고 해서, 출마자와 지출을 협의하지 않고 독자적으로 지출할 것을 조건으로 해서 제한 없는 정치자금 기부를 허용한 제도가 있다. 중국이 이 틈을 노려 이름뿐인 미국 회사를 만들어 거액을 특정 후보에게 기부했다는 이야기이다. 하지만 미국도 한국과 마찬가지로, 영주권자가 아닌 외국인의 정치자금을 받는 것은 불법이다.

    보도가 사실이라면 중국은 왜 이러한 불법을 시도했을까? 중국은 미국의 정책결정 구조 속에 살아 있는 영향력을 가지고 싶었을 것이다. 두말할 것도 없이 미국은 중국의 안전보장에 가장 큰 변수이다.

한국의 경우는 북한과 미국이다. 그리고 핵심은 핵무기다. 북한이 핵무장의 동기로 내세운 것은 미국의 핵 사용 위협이다. 미국이 사드 배치를 관철시킨 동기 또한 북한의 무수단 미사일 대기권 재진입 실험 성공이다. 북한이 일본이나 괌 주둔 미군에 핵무기를 사용할 기술이 있다는 것을 보여 주자, 미군의 보호를 위해 사드가 필요하게 됐다.

한국 안보의 가장 큰 모순은 북한과 미국의 핵무기에 대한 영향력에 있다. 비핵화는 국민 경제의 요구이지만 한국은 이를 실현할 영향력에 한계가 있다. 상대방에 대한 영향력이란 상대방의 의사결정 시스템이 돌아가는 것을 전제로 한다. 파괴나 제압이 아니다. 그러나 개성공단 폐쇄 이후, 남북한은 서로를 향해 저강도 전쟁을 벌이고 있는 상태이다. 그러니 영향력이 얼마나 있는지 살필 상황이 아니다. 서로가 극단적 위험에 노출돼 있다.

트럼프의 등장에는 미국의 제도 정치권이 받아 안지 못한 대중의 분노와 좌절이 현실적 변화를 만들어 낸 점이 있다. 일시적 현상은 아니다. 그러나 다문화 융합을 구성 원리로 하는 미국에서 트럼프라는 문화 차별주의자가 공화당이라는 제도 정당의 대통령 후보가 됐다는 것은 미국의 퇴보이다. 그는 지난 3월 CNN과의 인터뷰에서 "솔직히 말하자면", 일본 비핵화라는 미국 정책을 바꿔야만 하게 될지도 모른다고 말했다. 그러나 만일 일본이 핵무장을 하면, 한반도는 중국과 일본의 핵 대결 위협의 한가운데에 놓일 것이다.

트럼프의 등장 이후, 미국의 의회 전문지인『힐』이 6일 보도한 바와 같이 그가 대통령이 될 경우 핵무기를 어떻게 사용할 것인지에 대한 우려가 민주당과 공화당을 가리지 않고 나오고 있다. 오바마 대통령이 지난 2일 공식적으로 트럼프의 핵무기 사용 결정 능력에 대해 문제를 제기한 것은 오로지 선거운동 차원만이 아니다.

국제 관계에서 다른 나라에 만병통치약과 같은 한 방으로 영향력을 행사하기는 어렵다. 중국이 부시 후보를 위해 거액의 정치자금을 제공한 것도 오랜 기간의 체계적 접촉과 소통이 있어야 영향력을 가질 수 있기 때문이다.『인터셉트』가 말한 중국 회사도 오랫동안 미국인 종업원의 이름까지 빌려 정치자금을 기부했다.

개성공단 폐쇄와 사드 배치 그리고 트럼프의 등장은 한국 안보 지형의 본질을 감추지 않고 드러내고 있다. 북한과 미국의 핵무기라는 근본적 안보 문제를 해결하는 방법은 한반도 비핵화일 수밖에 없다. 그리고 평화협정이다. 전자는 북한 핵무기에 대해, 후자는 미국 핵무기에 대한 대안이다.

중국이 그렇듯이 모든 방법을 동원해, 외면하지 않고, 포기하지 않고 안보 문제 해결에 달라붙어야 한다. 한국 안보 지형의 특색은 한국이 끈을 놓아 버리면 반드시 더 악화되고 끈을

한국 안보 지형의 특색은 한국이 끈을 놓아 버리면
반드시 더 악화되고 끈을 당기면 개선된다는 점이다.
안보의 끈을 한국 쪽으로 잡아당겨야 한다.
돈으로 안보와 평화를 살 수 있다면 돈을 주어서라도
사야 한다. 안보는 우리 힘으로 해결해야 한다.
남이 대신 해결해 주지 않는다.

당기면 개선된다는 점이다. 안보의 끈을 한국 쪽으로 잡아당겨야 한다. 돈으로 안보와 평화를 살 수 있다면 돈을 주어서라도 사야 한다. 안보는 우리 힘으로 해결해야 한다. 남이 대신 해결해 주지 않는다.

— 경향신문 2016. 8. 8.

북핵 해결과
전시 작전권

　북한 핵에 대한 대책은 무엇인가? 북이 도발하면 평양을 지도에서 사라지게 하겠다는 박근혜 대통령의 말로는 북핵 문제를 해결할 수 없다.

　그것은 허세이다. 스스로 할 수 있는 일이 아니다. 미국이 결심하고, 미국이 행동해야만 가능하다. 미국의 일을 마치 자신이 할 수 있는 것처럼 말하는 것은 실사구시가 아니다.

　많은 국민이 느끼듯이 북핵은 변수가 아니라 상수이다. 국민이 잠자는 머리맡에 놓인 폭탄이다. 이 냉정한 현실 앞에 책임을 전전 정부들에 미루는 무책임은 지면이 아까워 자세히 지적하지 않는다. 현실을 있는 그대로 파악해야 한다. 한국은 자신의 입장에서 자신의 눈으로 북핵 문제를 보아야 한다. 미국이나 중국의 처지와 관점을 제 것인 양 착각해서는 안 된다. 한국의 입장을 미국과 중국에 투사할 수 있다고 과신해서도 안 된다. 북이 스스로 무너져 화근이 없어질 것이라는 안일한 희망도 쓸모가 없다.

북핵 해결을 위해 세 가지 경로를 동시에 가동해야 한다. 핵확산 억지를 위한 효과적인 국제 제재가 첫째요, 평화 체제 구축을 위한 대화가 둘째이며, 한국 안보의 한국화가 셋째이다. 제재-대화-안보의 삼각이 같이 가야 한다.

북한에 대한 유엔 제재의 기본 성격은 무엇인가? 핵확산금지조약NPT을 위반하여 핵무기를 개발하는 NPT 탈퇴국에 대한 제재이다. 북핵은 국제법적으로 평화적 원자력 기술을 얻기 위해 NPT에 가입했다가 탈퇴해서 핵무기를 개발한 유일한 사건이다. 이를 용인하는 것은 NPT 체제의 붕괴를 의미하므로 NPT 체제에서 불가능하다. 기존 핵무기 강국이 주도하는 이 국제 제재는 북한의 핵 개발 능력을 약화·차단하는 데에 목적이 있다. 한국은 NPT 회원국으로서 중국에 효과적인 국제 제재를 요구할 권리가 있다.

그러나 제재 자체로는 북핵 문제를 근본적으로 해결하지 못한다. NPT 제재를 가동하면서도 대화를 해야 한다. 유엔 제재는 국제법상 인도주의나 민생을 위한 국제 교역을 차단할 수 없다는 근본적 한계가 있다. 중국에 북한으로 가는 송유관을 끊으라고 압박하는 것은 국제법상 아무런 근거가 없다. 결국 북한의 존속을 보장하는 국제법적 틀을 만들기 위한 대화가 북

북핵 해결을 위해 세 가지 경로를 동시에 가동해야 한다.
핵 확산 억지를 위한 효과적인 국제 제재가 첫째요,
평화 체제 구축을 위한 대화가 둘째이며,
한국 안보의 한국화가 셋째이다. 제재-대화-안보의
삼각이 같이 가야 한다.

헌법은 선전포고 동의권을 국회에 부여했다.

사후 승인이 아니다. 국회의 동의권은 사전 동의권이다.

동의가 없는 대통령의 선전포고는 위헌이다.

이러한 헌법 정신을 선제공격에도 적용해야 한다.

핵 문제의 해결책이다. 문제는 한국의 현 정부가 이 대화에 아무런 준비가 되어 있지 않다는 점이다. 대화 자체를 굴복이라고 여기는 허위의식에서 벗어나야 한다. 한국은 6자 회담의 틀을 적극 주도해야 한다.

끝으로 안보 허세에서 벗어나지 않으면 북핵 문제를 해결할 수 없다. 능력도 없으면서 허세를 늘어놓는 안보 허위의식의 근원은 전시 작전권에 있다. 전시 작전권을 미국에 주었으니 미국이 한국을 제 몸 지키듯이 지켜 줄 것이라는 생각이 무책임한 행동과 발언을 낳는다. 한국 안보의 한국화는 한국이 현실을 자각하고 책임감을 가지고 행동하는 데에 필수적이다.

최소한 일본 자위대 수준의 전시 작전권을 확보해야 한다. 2015년의 미일 방어 협력 가이드라인에 나와 있듯이 미일은 자국 군대에 대해 각자 전시 작전권을 행사한다. 한미연합사와 같은 단일 지휘 체계는 없다. 병렬적 작전권 아래에서 평시에 정보와 감시 분야 등에서의 공동 작전 훈련을 한다. 나토 또한 전시에도 자국의 작전권은 그대로 유지한다. 다만 나토에 할당하는 일부 병력에 대해서만 전시 작전권을 위임한다. 이마저도 거부권을 행사할 수 있다.

북핵은 가장 당면한 중대 사안이다. 해결을 위해 나라의 총력을 기울여야 한다. 그 출발은 타국의 무기를 제 무기인 양 여기고, 대화 거부를 승리인 양 안방에서 큰소리치는 허위의식에서 벗어나는 것이다. 정신 차리지 않으면 국민의 머리맡에 놓인 북핵 화근을 없앨 수 없다. 제재-대화-안보에서 실사구시해야 한다. 안보마저 국민에게 각자도생하라고 할 것인가?

— 경향신문 2016. 9. 26.

누가 선제공격을
결정하는가

대한민국 헌법은 "침략적 전쟁을 부인한다." 제5조 1항에 있다. 한국이 할 수 있는 전쟁은 '자위적' 전쟁이다. 즉 무력 공격을 당했을 때 자신을 지키는 전쟁만 가능하다. 북한도 마찬가지다. 모든 유엔 회원국의 의무다. 유엔 헌장은 "무력 공격이 발생하는 경우"에만 자위권 행사를 인정한다. "화근을 제거하기 위한" 따위의 전쟁은 헌법 위반이다.

북한이 머지않아 미국 본토를 핵 공격할 능력을 가지면 미국이 선제공격을 결정할 것이라는 말이 나돈다. 『조선일보』의 9월 22일자 양상훈 칼럼에는 "미국인들은 말보다 행동이 무서운 사람들이다"라고 실렸다. 같은 신문 10월 8일자의 류석춘의 글에는 "동맹국이 실행하려던 '선제타격'을 1994년 김영삼 정부가 반대해 오늘의 상황에까지 이른 사정을 돌이켜보면 더 이상 우리가 '선제타격'을 놓고 우물쭈물할 계제가 아님을 누구라도 알 수 있다"고 했다.

그러나 설령 미국이 결심한다고 해서 함부로 동의해서는 안 된다. 선제공격 문제는 두 가지로 검토할 수 있다. 첫째, 이른바 '예방적' 공격은 언제나 대한민국 헌법 위반이다. 즉 화근을 미리 없앤다는 따위의 목적으로 전쟁을 일으키는 것은 따질 필요조차 없이 헌법과 유엔 헌장 위반이다. '급변사태'라고 표현하면서 만일 북한에 권력관계 정변 등이 일어났을 때 한국이 무력으로 직접 개입 공격한다면 헌법 위반이다.

둘째, 선제공격이 정당화되려면 적국이 핵무기와 같은 대량살상무기를 사용해 공격하려고 하는 급박한 위협에서만 가능하다. 그러나 이 정당성은 오로지 유엔 안전보장이사회에서만 승인된다. 그리고 급박한 위협으로 승인되려면 위협이 실재해야 하며, 즉각적이고 압도적이어야 한다. 이러한 요건을 갖추지 못하는 선제공격은 국제법을 위반한 침략이다. 그러므로 단지 북한이 미국을 핵 공격할 능력을 갖춘다고 해서 미국이 북한을 적법하게 선제공격할 수 있는 것은 아니다. 이 점은 의문의 여지가 없다.

한국이 헌법을 가진 공동체라면, 미국의 북한 공격을 당연한 것처럼 인식해서는 안 된다. 미국이 결심하면 한국은 따라하는 그런 것은 안 된다. 여기서 한국이 외면해서는 안 되는 중요한 문제가 있다. 누가 급박한 위협 상황에서 선제공격을 결정하는 국민을 가장 무섭게 여기는 책임 국가를 만들어야 한다.
그 첫째 조건이 자신의 힘으로 안보를 해결하는
국가이다. 전시 작전권을 이양한 비밀조약을
공개하는 것이 책임 국가로 가는 출발이다.

가? 헌법은 선전포고 동의권을 국회에 부여했다. 사후 승인이 아니다. 국회의 동의권은 사전 동의권이다. 동의가 없는 대통령의 선전포고는 위헌이다. 이러한 헌법 정신을 선제공격에도 적용해야 한다.

급박한 상황에 대비해서 국회의장이나 국방상임위원회의 동의권과 같은 대체 절차를 마련해야 한다. 급박한 위협 상황이라는 대통령의 정보 판단이 근거가 있는 것인지를 국회가 미리 긴급히 점검할 대체 절차를 마련해야 한다. 마치 미국이 선제공격을 결정하는 주체인 것처럼 생각해서는 안 된다. 이러한 잘못된 인식의 원인인 전시 작전권을 조속히 환수해야 한다.

국민의 뜻은 비핵화이다. 국민 경제에도 비핵화가 필수이다. 그렇다면 정치는 이를 실현하는 데에 일관되게 노력해야 한다. 미국을 설득해서 한반도 비핵화가 가능하도록 북한과의 평화체제를 보장해야 한다. 우물쭈물할 때가 아니다. 독일 통일의 주역, 빌리 브란트는 군사무기가 중요한 의미를 갖는다는 것은 정치가 실패했다는 뜻이라고 말했다. 지금 정치는 정치의 실패를 인정해야 한다. 그 어떠한 잘못도 북한의 핵무기 개발로 덮어 버리는 부끄러운 짓은 이제 그만해야 한다.

독일은 어떻게 통일했는가? 독일의 통일 정치는 양독 사이의 신뢰이고 교류였다. 서독은 1971년 동독을 동등한 국가로 인정하고 국내 정치와 국제 정치에서 자립과 자주권을 인정했다. 그 결실이 1989년 7만 명의 동독 국민이 일으킨 민주혁명이다. 북한을 제거의 대상으로 인식하고 행동하는 한, 북한 핵 문제를 해결할 수 없다. 자신을 선제타격하겠다는 사람들을 북한 사람들이 신뢰하겠는가?

— 경향신문 2016. 10. 10.

'전시 작전권 이양 조약'
공개돼야

'박근혜·최순실 사건'은 '무책임 국가'의 민낯이다. YTN 보도에 따르면 박근혜 대통령은 세월호 참사 다음날 김종 전 문화체육관광부 차관에게 '체육 개혁'을 확실히 하라고 지시했다. 결과적으로 최순실 가족을 위한 개혁 말이다. 이 보도가 사실이라면 국가의 원수인 대통령이 국민의 생명에 집중하지 않고 일파의 안위를 챙긴 것이다. 이런 무책임한 나라가 어떻게 가능했을까?

지배자에게 국민을 우습게 보는 습성이 뼛속 깊이 배었다. 어느 관료가 국민을 '개·돼지'에 비유했는데 그만의 일이 아니다. 전두환 일파의 지시로 공수부대가 무고한 시민을 찌르고 때리고 죽였던 것도 국민을 두려워하지 않았기 때문이다.

지배자는 왜 이렇게 국민을 업신여길까? 그들에게 더 중요한 힘이 오랫동안 따로 있기 때문이다. 만일 헌법의 국민주권이 실제로 살아 있어, 국민의 힘이 온전하게 지배자를 지배했다면 전두환조차도 국민 한 사람 한 사람을 무섭게 알았을 것이다. 국민 한 사람 한 사람의 마음과 힘을 모아, 이를 바탕으로 나라를 유지했다면 박 대통령은 최순실의 최자를 꺼낼 엄두조차 내지 못했을 것이다.

지배자에게 오랫동안 국민보다 더 중요했던 힘이 무엇일까? 삼성과 같은 재벌일까? 물론 삼성의 힘은 세다. 혈당을 측정하는 기능을 가진 휴대전화가 의료기기 규제를 받지 않도록 법령이 바뀐 데에는 삼성의 영향력을 빼놓을 수 없다. 그러나 '갤럭시7' 단종 사건에서 알 수 있듯이 삼성은 금전적 이익을 내지 못하면 존속하지 못할 위험을 늘 안고 있다. 삼성이 지배자들을 오랫동안 포획할 정도로 무한정한 자원을 제공할 수는 없다. 콘크리트 지지율이라는 것도 최근의 5% 지지율에서 알 수 있듯이 바람과 같이 가볍다.

대한민국이 무책임 국가가 된 가장 큰 원인은 국민의 힘으로 제 나라를 지키지 못하는 구조에 있다. 방산비리는 왜 그치지 않고 꼬리에 꼬리를 물고 이어질까? 스스로의 힘으로 나라를 지키는 군대라면 무기도입 비리는 곧 군인들의 죽음과 전쟁 패배로 직결된다. 철저히 경계할 것이다. 그러나 전쟁의 승패를 스스로 결정한다고 생각하지 않는 군대에 방산비리는 별것 아니게 된다. 어차피 승패는 다른 데에서 결정되는데 이까짓 무기 비리쯤이야!

　무슨 짓을 하더라도 미국이 한국의 안보를 지켜 주는 체제에서 지배자는 국민을 두려워하지 않는다. 북한 핵에 대한 정보 수집 능력조차 제대로 없으면서 "북한의 핵 사용 의심 시 평양을 지도상에서 없애 버릴 것"이라고 허세를 늘어놓는다. 국민의 안전을 제 힘으로 지키지 못하는 무책임이야말로 모든 무책임의 뿌리다. 세월호 참사 다음날, 일파의 안위를 챙긴 무책임도 여기에서 시작했다. 국민의 안위를 다른 나라에 의존하는 한, 책임 국가가 될 수 없다. 미국과 동맹을 유지하는 북대서양조약기구NATO 회원국들과 일본, 호주 등 그 어느 나라도 한국과 같이 극단적으로 전시 작전권을 이양하지 않았다.

　그래서 전시 작전권 이양 비밀조약 공개가 중요하다. 한국은 1978년 7월 27일 미국과 작전통제권 관련 약정을 체결했다. 그리고 같은 해 10월 17일 '한미연합군 사령부 설치에 관한 각서'를 교환했다. 그런데 이 두 조약은 비밀조약이다. 전시 작전권이라는 주권이 이양되었는데도 지배자는 조약을 비밀에 부치고 국회의 동의도 받지 않았다. 위헌이다. 누가 전시 작전권을 행사하는 법적 주체인지조차 알 수 없다.

　박근혜·최순실 사건은 그저 누가 물러나는 것으로 해결되지 않는다. 이 상태에서는 제2, 제3의 박근혜가 다시 나타날 것이다. 국민을 가장 무섭게 여기는 책임 국가를 만들어야 한다. 그 첫째 조건이 자신의 힘으로 안보를 해결하는 국가이다. 전

시 작전권을 이양한 비밀조약을 공개하는 것이 책임 국가로 가
는 출발이다.

— 경향신문 2016. 11. 7.

ISD·WTO로는
사드 보복
해결 못 한다

"나는 중국을 아주 좋아한다. 중국은 조상의 고향이다. 롯데는 중국에서 계속 사업을 하기를 희망한다." 롯데그룹의 신동빈 회장이 지난 23일 『월스트리트저널』과 인터뷰하면서 한 말이다.

중국의 사드 보복은 부당하다. 중국에 투자한 한국 기업을 차별하는 행위이다. 그리고 투자자를 공정하게 대우할 원칙을 저버린 것이다. 적어도 이 점에서 롯데는 피해자이다. 그런데도 왜 롯데의 신 회장은 오히려 중국에 애정이 있다고 말했을까?

같은 시기에 론스타라는 미국 기업은 벌써 5년째 한국을 국제 중재ISD에 회부해 5조 원을 내놓으라고 하고 있다. 이 판결이 곧 날 듯하다. 양측은 5년이라는 기간에 충분히 공격과 방어를 마쳤다. 심지어 변호사 비용에 대해서조차 작년 7월, 8월에 공방을 주고받았다. 당사자가 할 모든 절차를 마쳤다. 그러고도 그 뒤로 6개월이 더 지났다. 판결이 머지않았다.

그런데 애당초 론스타에는 ISD를 제기할 자격이 없었다. 처음부터 외환은행을 인수할 대주주 자격이 없었다. 즉 한·벨기에 투자 보호 협정의 보호 대상 '투자자'가 아니다. 게다가 론스타는 ISD를 걸기 전에, 이미 한국 법원에 세무당국의 과세 처분에 대해 소를 제기했다. 그러므로 과세를 다시 ISD에서 다툴 자격이 없었다.

그런데 왜 롯데는 론스타처럼 ISD로 중국에 대항하지 못하는가? 롯데에는 중국을 ISD로 걸 권한이 있다. 한국과 중국의 투자자 보호 협정과 한중 자유무역협정FTA에 ISD가 있다.

ISD는 본디 강자들의 장치이며, 국제 금융자본을 위한 규칙이다. 롯데는 중국에서 사업을 하지 않을 각오를 해야만 ISD로 중국을 제소할 수 있다. 반대로 론스타와 같이 각 나라를 드나드는 국제 펀드는 특정국에서의 사업 계속 여부를 걱정하지 않는다.

FTA 관료들은 한미 FTA의 ISD가 한국과 미국 두 나라 기업 모두의 권리이므로 공평한 것이라고 말한다. 그러나 론스타와 롯데의 현실에서 이는 사실이 아니다. FTA 관료들은 한미 FTA의 ISD는 위험하지 않다고 한다. 그러나 한국이 구속력 있는 중소기업 적합 업종 제도를 입법하지 못했고, 저탄소차 보조금을 시행하지 못한 배경에는 한미 FTA의 ISD가 있다. 한미 FTA의 ISD가 위험하지 않은 것이 아니라, 한국이 알아서 ISD의 대상이 될 가능성을 스스로 없앤 것이다.

한미 FTA의 ISD를 폐지해야 한다. 트럼프의 언행에서 잘 알 수 있듯이 그것은 미국에 진출한 한국 기업을 보호하는 장치가 아니다. 미국은 미 무역대표부가 인정하였듯이 단 한 차례도 ISD에서 패소한 사실이 없다. 미국이 패소하는 날, 지금과 같은 모습의 ISD는 사라질 것이다. 그때까지 한미 FTA의 ISD는 한국에 진출한 미국 기업의 이익에 거슬리는 한국의 법률과 행정, 심지어 법원 판결에 대해서조차 끊임없이 제한을 가하고 압박할 것이다.

사드 해법은 있다. 중국과 한국은 서로의 안보 우려를 이해하고 수용해야 한다. 중국은 사드 배치를 수용하고, 한국은 탐지 범위가 북한 지역에만 미치는 레이더를 수용하면 된다. 한국과 중국은 서로 가까운 나라의 염려를 알아주어야 한다.

그런데 황교안 대통령 권한대행 정부는 현실을 보지 않는다. 주관적인 희망과 객관적 현실을 구별하지 못한다. 이곳에 사는 사람들의 눈으로 세상을 보지 못한다.

황 대행의 관료들이 사드 문제 해결 방안으로 세계무역기구 WTO 제소를 들고 나오는 장면은 한편의 희극이요, 동문서답이다. 피해 당사자인 롯데조차 자신에게 권한이 있는 ISD를 제기하지 못하는 것이 현실이다. 사드 보복에 대해 중국을 제소해서 WTO 판결이 나오려면 적게 잡아도 2년은 걸릴 것이다. 이 기간에 중국 공산당 지도부는 스스로의 체면을 위해서라도 사드 보복을 철회할 수 없을 것이다.

사드 해법은 따로 있다. 현실을 현실로 보면 된다. ISD도, WTO도 사드 보복을 해결할 수 없다.

— 경향신문 2017. 3. 27.

송기호의 밥과 법

더불어 사는 삶, 정의로운 사회를 향한 희망과 실천

초판 1쇄 발행 2018년 3월 10일
초판 2쇄 발행 2018년 3월 26일

지은이 송기호
펴낸이 오은지
책임편집 변홍철
디자인 박대성
펴낸곳 도서출판 한티재 등록 2010년 4월 12일 제2010-000010호
주소 42087 대구시 수성구 달구벌대로 492길 15
전화 053-743-8368 팩스 053-743-8367
전자우편 hantibooks@gmail.com 블로그 www.hantibooks.com

ⓒ 송기호 2018
ISBN 978-89-97090-82-2 03300
책값은 뒤표지에 표시되어 있습니다.
이 책 내용의 일부 또는 전부를 이용하려면 저작권자와 한티재의 서면 동의를 받아야 합니다.

이 도서의 국립중앙도서관 출판예정도서목록(CIP)은 서지정보유통지원시스템 홈페이지
(http://seoji.nl.go.kr)와 국가자료공동목록시스템(http://www.nl.go.kr/kolisnet)에서
이용하실 수 있습니다. (CIP제어번호: CIP2018006856)